CATHOLIQUE ET FASCISTE TOUJOURS

Louis Le Carpentier

CATHOLIQUE ET FASCISTE TOUJOURS

Préface de Florian Rouanet

Reconquista Press

Couverture : *L'Homme contemplant une mer de brume* de Caspar
David Friedrich (Hamburger Kunsthalle).

© 2019 Reconquista Press
www.reconquistapress.com

ISBN 978-1-912853-12-0

« *Le monde doit choisir : d'un côté, la sauvagerie bolchévique, une force infernale ; de l'autre, la civilisation chrétienne. Nous devons choisir à tout prix ! Nous ne pouvons loyalement rester neutres plus longtemps ! C'est l'anarchie bolchévique, ou l'Ordre Chrétien !* »
Mgr Mayol de Lupé, extrait d'un article paru dans le journal *Signal* en 1943.

PRÉFACE

Dans le présent ouvrage, l'auteur a raison d'insister dès le début sur la nature des choses afin de légitimer philosophiquement son propos. C'est au lecteur de faire quelques efforts pour en saisir la profondeur, qui reste tout de même accessible lorsque l'on s'en donne la peine. La « vraie » Droite de l'origine — qui ne peut être que vraie par essence — est celle partisane de l'Ordre Ancien qui se tenait à droite du président de l'Assemblée. Cet ordre n'incarne jamais que l'Ordre de toujours, de ceux qui croient ainsi à l'existence de principes immuables et supérieurs qui s'imposent réellement à nous contre tout type d'abstraction idéologique issue de la folle Gauche.

Les émules de cette folle Gauche, adeptes de la sophistique, n'apprécient pas que l'on parle d'essence, ni même d'animal social, eux qui sont si prompts à défendre une culture de mort déconnectée de toute réalité organique, ainsi vivante, et surnaturelle.

Ce que nous appellerions par commodité de langage le fascisme — pris dans un sens générique — est ce qui se retrouve par excellence dans le règne animal, qui obéit à des lois éternelles faites de purs instincts, réglés et ordonnés, dont les fourmis sont un fascinant exemple ; chose que l'on ne retrouvera pas avec l'utopie collectiviste, et encore moins avec celle de la liberté abstraite démocratique.

★

Pour saisir tant l'ordre humain que Divin, et par analogie tant la philosophie que la théologie, il faut avoir une juste appréhension de ces deux ordres distincts sans tomber dans les dangers tant du naturalisme que du surnaturalisme (au sens péjoratif donc, polysémie oblige), travers qui n'incarnent jamais que la perversion de ces ordres comme n'étant plus saisis dans leurs réalités concrètes, l'un arasant l'autre, au lieu de se compléter et de s'articuler sans jamais se chevaucher. Un sujet d'importance qui détermine par voie de conséquence tout ce qui est relatif au Bien commun dont la double finalité, intrinsèque (Bien de la Cité terrestre) et extrinsèque (Bien de la Cité céleste), ordonne l'homme à sa fin. L'ouvrage propose ici une excellente approche de cette *européanité* universelle qui, dans sa foi et dans sa citoyenneté romaine au sens large, se compose de ces deux faisceaux spirituel et temporel.

Notre intellectualité ne doit donc empêcher ni la foi par une raison trop sèche ni l'engagement physique ou sportif par un goût trop prononcé pour l'abstraction mentale, mais doit être exclusivement employée afin de se conformer aux faits, et de faire de nous des êtres complets.

Une société est un tout politique, qui appelle la nécessité d'un corporatisme afin de se préserver et se développer en totalité, et c'est ce que le fascisme se propose de rénover dans son État comme dans ses Institutions pour le bien du corps des citoyens, par un type de « socialisme aristocratique » regardant en Haut et redonnant toute sa noblesse au travail, tout en alliant dans un projet commun les différentes classes sociales au sein d'une nation justement hiérarchisée. Un peuple, socialement, se constitue des classes prolétaires, intermédiaires et des petites bourgeoisies encore attachées au sol, et non au-delà, rejetant ainsi la caricaturale « *hyperclasse* » dominante qui, irrémédiablement, se déconnecte de l'ensemble par son attache directe à tous les capitalismes étrangers et transnationaux dans le seul but de conserver ses intérêts immédiats contre la partie populaire. Et le combat social est intrinsèquement lié au combat national. Plus que jamais, il faut être en faveur de la délivrance des patries, et opposé à la menace du faux socialisme cosmopolite comme du capitalisme conservateur.

Il s'agit avant tout d'être vrai et non pas de se rattacher à de vieilles images. Ne soyons pas les dinosaures du militantisme, de simples vigiles d'un musée archéologique dépassé, mais assumons le passé pour mieux nous tourner vers l'avenir. Le légitimisme a fait son temps ; en voulant réactiver sa fin de dynastie régnante comme si de rien n'était, nous ne ferions que précipiter et répéter la situation de subversion qu'elle a déjà subie en 1789.

Ainsi, il n'est même pas ici question de Royauté ou de République, qui ne sont que des formes gouvernementales (dans lesquelles la dictature, ou le travers de la tyrannie, peut être effective ou non), qui ne sont que des espèces de bocaux vides à garnir de Principes primant évidemment sur les Princes (ceux-ci ne se légitimant que par la poursuite du Bien commun).

★

Cette bonne « démocratie organique » ne pourrait recon-naître la fictive « souveraineté populaire » rejetée des papes, puisque les membres d'une nation ne sont « que » la cause effi-ciente d'une société, ainsi inclus au bas d'une stricte verticalité. De plus, le « meilleur des régimes » fidèle à la politie aristotélo-thomiste est cette totalité où un monarque est reconnu en tant que chef unique, accompagné d'une aristocratie, c'est-à-dire des meilleurs en son conseil, et enfin — et enfin seulement — le corps se dote d'une sorte de décentralisation qui donne toute sa place à chacun et dans chaque échelon humain (familles, entre-prises, mairies), responsabilisant ainsi la population dans ses devoirs, selon sa vertu et ses compétences. L'aspect électoral n'étant rendu possible que par le principe de subsidiarité appli-qué aux différentes collectivités territoriales et se basant sur des questions que la population vit au quotidien.

La *plouto-ochlocratie « démocratique »* électoraliste, inorga-nique et mortifère, se retrouve condamnée d'emblée avant même de se décomposer par son propre principe. Sa structure demeure non réformable, car de l'intérieur elle ne produira jamais que des Partis qui en sont l'émanation, et qui pour ainsi dire, n'en aboliront donc jamais les mauvais rouages dans la mesure où ce sont les enfants les plus vils produits par ce système politique. Nous ne pourrons pas faire l'économie d'une révolution dans les temps de crise qui s'annoncent. Voilà des analyses à rebours des modérés que sont les démocrates faussement chrétiens et les populistes faussement de droite qui sacrifient toujours plus au prurit démocratique.

Les vainqueurs de Nuremberg, dont les fils libéraux et communistes sont toujours aux manettes, ont criminalisé ces régimes qui les ont mis devant leur médiocrité. En réaction : l'information, la formation, la structuration et l'action, appuyées par la prière (souveraine des actions car celle-ci est envers Dieu), selon tout ce qui dépend de nous, seront les seuls mots d'ordre, car il n'y a pas de formule magique, afin de préparer le terrain à une véritable reconquête dans le temps.

« *Le fascisme a répondu par la violence à la violence des autres.*
C'est la vérité, une vérité qui ne peut être effacée. [...] Le fascisme
peut ouvrir la porte avec la clé de la légalité, mais il peut être
astreint à la défoncer du coup d'épaule de l'insurrection. »
Benito Mussolini, *Édition définitive des œuvres et discours.*

★

Constatons dès à présent qu'après quatre-vingts années de décadence continentale, les constitutions européennes pensées dans le cadre d'une confédération germanique héritée du Saint-Empire et d'inspiration fasciste auraient posé les bases d'un monde beaucoup plus favorable qui serait le contraire du « nôtre » : où l'Europe serait prépondérante géopolitiquement, posséderait encore le plus grand patrimoine immatériel et dont l'influence serait encore bénéfique au monde ; où notre intégrité biologique aurait été préservée et la volonté de supprimer les nations inexistante ; où l'avènement de « Vatican II » aurait avorté dans l'œuf par le rejet de la très pré-moderniste démocratie chrétienne des Sangnier et des Don Sturzo ; où les peuples germaniques, romans et slaves auraient vu leurs particularités juridiquement reconnues et établies selon leurs provinces historiques (certes charnelles, mais insuffisantes à se gouverner ou à jouer un rôle déterminant), tout en étant rassemblés par une grande communauté de destin... C'est cette résurrection que nous appelons de nos vœux, et que seuls les fascismes contenaient objectivement en eux.

Nous ne réécrirons pas l'histoire, mais notre siècle nécessite la réactivation de ce combat intemporel, dont l'urgence se fait désormais criante. À terme, les « Europes », parlant d'une même voix — contre leurs querelles intestines — et comme dans un renouveau contemporain de l'État-croisé, devront être ressenties sur tout le Globe comme une unique et immense Cathédrale dans laquelle le monde blanc chrétien sera maître chez lui et universellement.

En sachant que dans l'Ordre universel, la romanité et le catholicisme, auxquels se surajoute le fascisme, auront été donnés, comme l'affirmait fort justement le *Duce* à l'aube du XXᵉ siècle, telle une réponse civilisationnelle de ce que la modernité attendait. Et toute idée pour être grande doit se faire universelle. C'est ainsi que les fascistes défendent une doctrine universellement applicable (y compris en Orient, autre pôle de l'humanité), ce qui au grand dam des idéologues déracinés n'empêche absolument pas, bien au contraire, de remettre au-devant de la scène la race et la patrie complétant l'universel, sans le contredire.

> « *Ces routes de la joie, le rêve fasciste veut les ouvrir à tous les hommes. Il n'y a pas de fascisme véritable sans une idée qui montre à tous les perspectives d'une œuvre grandiose. [...] Tout est aventure lorsqu'on y met l'esprit d'aventure.* »
> Maurice Bardèche, *Qu'est-ce que le fascisme ?*

★

Pour ce qui est de la liaison entre le catholicisme et le fascisme, en tant qu'apport ajouté aux solutions manquantes de l'Ancien Régime, elle ne peut se faire que dans ce que cette doctrine tient pour vrai et surmontable. Défendre cette vérité est, admettons-le, parfois difficile à faire valoir pour diverses raisons, surtout au sein des milieux de « droites » francophones, influencées par le royalisme ou par l'illuminisme, tous deux très franco-centrés. Cela dit, une fois la difficulté admise, un plaidoyer ne peut être que catégorique et roboratif !

Cette association « fasciste cléricale » est la seule qui doit prévaloir par souci de complémentarité, car au risque de manquer d'infini, comme le rappelait Maurice Barrès, une doctrine politique doit être transcendée, et pour être pleinement vraie, elle doit l'être par la foi catholique de nos pères. De nos jours, c'est une alliance de mots d'autant plus hardie, il faut le dire, car soumise à une autre difficulté qui est celle de l'hostilité passée de certains catholiques, clercs comme laïcs, avec de réels conflits internes (et non externes, exemple contre le communisme) avec l'Église en tant que société durant la Seconde Guerre mondiale. C'est pourquoi il nous faut faire appel à toutes les sciences historiques et religieuses tel un apologète pour reconstituer les cerveaux atrophiés et gauchisés.

Et les raisons plus récentes d'une telle complication viennent de blocages mentaux au sein du milieu traditionaliste encore emprisonné dans des tropismes réactionnaires et bourgeois, sinon efféminés, à l'échelle de toute l'Europe de l'Ouest. Auxquels s'ajoute, pour ne pas l'omettre, l'hostilité de certains fascistes antichrétiens « néo-païens » dans un monde apostat, certes parfois lucides sur la raison, encore que s'ils étaient de si bonne foi et si bons en philosophie naturelle, ils concluraient au moins à l'existence de Dieu — accessible par la seule raison, contre tout fidéisme — et seraient disposés à entendre le véritable sens de l'Évangile, interprété par la Tradition et le magistère ecclésiastique. Mais ces catholiques tièdes dans l'engagement comme il en existe pléthore (et cela n'est pas un phénomène récent), ou même ces anticatholiques plus ou moins athées, ne nous enlèveront pas cette « flamme noire » surmontée d'une Croix qui brûle encore dans nos âmes. Alors, contre vents et marées, les portes fermées doivent être enfoncées pour avancer. Ne cherchons pas vaguement les clefs comme le ferait un démocrate. Osons le fascisme et le catholicisme !

★

Un ouvrage, encore, qui est le symbole de notre énergique jeunesse souvent composée du sang neuf et brûlant de récents convertis, rejetant d'un même coup tant le mode de pensée nostalgique que le courant de faux progressistes — mais véritables cosmopolites — d'en face.

Aussi, sachons être pluridisciplinaires, polymathes, toujours animés d'une curiosité universelle afin de répondre à toutes les attentes qui se posent : éducation, économie, social, identité, écologie (en tant qu'équilibre naturel), sciences dures, etc. En poussant toujours plus la réflexion, parce que le catholique peut s'inspirer des vérités émises dans chaque système de réflexion en s'alimentant du meilleur, à commencer par ces courants européens proches que représentent l'intégralisme, la révolution conservatrice et la contre-révolution ; butinant un peu partout le pollen, à l'image d'une abeille, des seules vérités impérissables.

Kalos kagathos, comme le stipule l'expression hellénique : demeurons systématiquement attachés au Beau et au Bon, ou encore au meilleur d'un modèle anthropologique supérieur porté par un fascisme que l'on pourrait dire homérique et indo-européen, qui s'articule bien dans l'esprit national-socialiste et national-catholique. L'heure est venue de se donner tout entier à un idéal commun qui nous dépasse, dans l'amitié politique bien comprise, contre toute la décadence des sens et des mœurs.

Que le « *je suis citoyen romain* » de saint Paul nous anime tant par la volonté de l'Église que par l'idée d'Empire, tous deux attachés à la romanité et selon l'exemple d'un saint Jérôme qui les défendit en son temps. Pour l'Europe de saint Benoît ! Que par nos luttes, le Bon Dieu daigne accorder les lauriers de la victoire à cet esprit constantinien qui soufflera toujours à travers les âges, n'en déplaise à nos ennemis.

Voilà les grands théorèmes et les buts fixés par ce *Catholique et fasciste toujours* dont nous gratifie Louis Le Carpentier. On appréciera enfin son développement particulier sur la Matière et la Forme et son parallèle à propos de la violence et de la masculinité. Qu'une longue vie soit prêtée à cette jeunesse d'esprit, catholique et française.

Sursum Corda, Deus Vult !

Florian Rouanet

AVANT-PROPOS

Un certain nombre de travaux récents, d'articles ou de conférences réalisés en contextes divers (par-là sans lien organique intentionnel et nécessairement perceptible) ont paru à leur auteur mériter d'être réunis dans un seul livre, parce qu'ils se complètent. En effet, certains ont pour objet la défense de thèses métaphysiques ou théologiques dont les enjeux pratiques sont majeurs ; et d'autres, les conséquences pratiques — morales ou politiques — de ces mêmes thèses. Aussi tous ces travaux ont-ils été rassemblés et ordonnés de la manière qui semblait être la plus logique, à savoir, en premier lieu ceux qui traitent de choses spéculatives, et en second lieu ceux qui traitent de choses plus concrètes. Cependant, le lecteur pourra lire ces travaux dans l'ordre qu'il voudra, puisqu'ils sont, à l'origine, indépendants les uns des autres. Et il voudra bien, au passage, excuser l'auteur si certaines choses sont répétées en plusieurs lieux ; il est parfois nécessaire de redire ce que l'on a déjà dit — mais dans un autre contexte — afin de rendre son propos plus clair et plus intelligible.

Par ailleurs, l'auteur du présent travail, qui se destine à l'étude (jamais close) et à l'enseignement de la philosophie, s'est beaucoup intéressé aux productions de Stepinac et de Joseph Mérel, au point d'y reconnaître ce qu'il croit être la vérité, en l'état actuel de sa réflexion. Parce qu'on ne maîtrise jamais que ce que l'on est capable de (re)produire, il s'est plu, non sans soucis d'être utile à ses lecteurs, à proposer — à travers ce livre — une sorte de synthèse des productions ci-dessus mentionnées. Mais il n'est pas de synthèse sans initiative active, de sorte que ce qui eût pu se limiter à un commentaire est en vérité une réinvention, dont l'auteur assume la responsabilité. Ce qui est original dans l'essai qui suit, c'est la perspective propre à son auteur, dans laquelle il a librement fait usage des réflexions qui l'ont séduit, accompagnées des siennes.

PRÉAMBULE

Le fasciste, un homme de Cœur

L'auteur de ce livre est de Droite.

D'aucuns diront de « droite radicale », peut-être même d'« extrême-droite » ; les mots ne sont jamais assez forts. Mais, après tout, l'auteur n'y voit pas d'inconvénient : quand on est de Droite, on l'est jusqu'au bout.

Aussi ce même auteur n'hésite-t-il pas à revendiquer l'héritage du fascisme, à tout le moins d'un certain type de fascisme — du fascisme non socialiste et non lévogyre — en lequel il discerne la réalisation la plus achevée de l'Idée de Droite, ou de l'Esprit de Droite, c'est-à-dire du réalisme politique.

Pourtant, il n'est pas sans savoir qu'être fasciste est généralement plutôt mal vu. Que le fascisme est considéré comme l'antithèse même de l'amour, de la fraternité, de l'humanité. Que le fasciste est perçu par les autres comme un individu froid, privé de compassion, voire de toute sensibilité.

Mais il affirme que tout cela est faux : le fasciste a une sensibilité, et même une sensibilité qui lui est propre. Nonobstant cette façade de pierre, et cette conduite impassible qui le caractérise, le fasciste est un homme bienveillant.

Derrière cette absence apparente de sentiment se cache un homme de Cœur.

★

Le fasciste est un romantique. L'essence du fascisme n'est certes pas le romantisme ; et cependant, le cœur du fasciste a bien quelque chose de romantique et d'idéaliste.

Le fasciste est un homme compatissant. On prétend qu'il ne se soucie pas des misérables, alors même qu'il est épris de justice sociale : le fasciste ne veut pas « que, dans une maison d'affamés, l'on accorde des droits individuels qui ne pourront jamais se réaliser, mais que l'on donne à tout homme, à tout membre de la communauté politique, par le seul fait qu'il en fasse partie, le moyen de gagner, par son travail, une vie humaine, une vie juste, une vie digne de ce nom » (discours de José Antonio Primo de Rivera du 29 décembre 1933). Le fasciste, c'est celui qui, parce qu'il est fort, se fait un devoir de protéger le faible. C'est celui qui prend naturellement le parti de l'ouvrier et du paysan. C'est celui qui, en apercevant un vieil homme dormir dans la rue, alors que ce dernier a travaillé toute sa vie, ressent de la colère, de la révolte même. C'est celui qui, lorsqu'il voit l'un des siens mendier, ne peut pas ne pas être touché, et lui donne ce qu'il peut donner. Le chef d'État fasciste, enfin, c'est celui qui comprend qu'il n'est pas « le chef d'une administration, mais le conducteur de millions d'êtres humains, avec un cœur, des passions, des besoins, et à qui il faut donner le bonheur » (Léon Degrelle).

Le fasciste est chevaleresque, et respectueux de la gent féminine. On prétend qu'il méprise les femmes ; et pourtant, il les tient en haute estime, car il connaît leur valeur et leur beauté intrinsèques. Le fasciste, c'est celui qui, sans cesser d'être fort, sait se montrer tendre envers les personnes du beau sexe. C'est l'homme qui ne déclare sa flamme à celle qu'il aime que lorsqu'il s'en croit digne, et qui, lorsqu'il donne son cœur, le donne sans réserve et tout entier. C'est aussi celui qui, en homme d'honneur, est fidèle à son épouse jusqu'à la mort. C'est l'homme qui, pour sa bonne amie, est prêt à tous les sacrifices, jusqu'au sacrifice de son être. C'est celui qui, la fleur au bout du fusil, part en guerre en songeant à sa bien-aimée ; qui se bat pour elle, et ne vit que pour la retrouver.

Le fasciste est un idéaliste. Il se fait beaucoup d'ennemis, car les gens ne le comprennent pas ; et pourtant, il ne fait que chercher le bonheur des autres. Le fasciste, c'est celui qui aspire à une société où règnent la justice, l'ordre, l'amitié. C'est celui qui est toujours là pour ses camarades quand ceux-ci ont besoin de lui. Le fasciste, c'est celui qui, le bras tendu vers le soleil levant, rêve d'une société de frères. C'est celui qui, en réglant son compte à un gauchiste, espère néanmoins que ce dernier rejoindra, un jour, les rangs de la Droite. C'est celui qui consacre sa vie au service de sa patrie, et qui, lorsque celle-ci l'exige, part au combat pour la défendre, et se bat jusqu'à la mort.

★

S'il n'est pas nécessairement un artiste, le fasciste est cependant un esthète. Il est certes avant tout attaché au Vrai et au Bien ; mais il est aussi attaché au Beau, et à tout ce qui participe, d'une manière ou d'une autre, à l'Idée de beauté. Il est par nature un poète.

Le fasciste sait apprécier une œuvre d'art lorsque celle-ci est belle. C'est celui qui, devant *L'Homme contemplant une mer de brume*, peut rester des heures entières. C'est celui qui, en contemplant *Le Radeau de la Méduse*, est envahi d'une tristesse ineffable, d'une mélancolie indicible.

Le fasciste est aussi un passionné de musique. C'est celui qui, à l'écoute de la neuvième symphonie de Beethoven, retient son souffle, est pris de frissons, et, lorsqu'elle prend fin, en reste comme fasciné. C'est celui qui, en entendant *Tannhäuser* de Wagner, ne peut s'empêcher de verser une larme.

Le fasciste, enfin, aime tout ce qui est grandiose, noble, glorieux. Le fasciste est un amateur des grands rassemblements, de l'esthétique martiale, de l'esthétique même de la guerre ; le fascisme est certes une Idée ; mais, pour l'homme de Cœur qu'il est, c'est aussi « l'exaltation de millions d'hommes, des camps de jeunesse, la gloire du passé, les défilés, les cathédrales de lumière, les héros frappés au combat, l'amitié entre toutes les jeunesses des nations réconciliées » (Robert Brasillach, *Le Chemin sous les buis*).

★

Enfin, le fasciste, en plus d'être un romantique et un poète, est aussi un homme profondément religieux. C'est un homme de Dieu. Un homme de Foi, d'Espérance et de Charité.

Le fasciste passe souvent pour un irréligieux, et pourtant il est attaché à l'authentique religion, à savoir la religion catholique ; religion qui « est considérée [par lui] comme l'une des manifestations les plus profondes de l'esprit, et, en conséquence, non seulement respectée, mais aussi défendue et protégée » (Benito Mussolini, *La Doctrine du fascisme*). Le fasciste est attaché à la Foi de ses ancêtres : il croit dans le Dieu tout-puissant, Créateur du Ciel et de la Terre, qui S'est incarné, est mort sur la Croix pour le Salut des âmes, et qui, en glorieux Vainqueur de la mort, est ressuscité ; le fasciste, c'est celui qui « respecte le Dieu des ascètes, des saints, des héros, et même le Dieu que voit et prie le cœur ingénu et primitif du peuple » (*ibid.*). Le fasciste passe pour un anticlérical, pour un bouffeur de curés, car il ne se prive pas de relever leurs travers. Et cependant, au fond de lui-même, il respecte ces hommes de Dieu, ces hommes qui consacrent toute leur vie au service des âmes. Le fasciste, c'est celui qui respecte la soutane, parce qu'il sait qu'elle est le signe sensible d'une dignité particulière.

Le fasciste, c'est aussi celui qui, parce qu'il désire naturellement Dieu, entretient ce désir. C'est celui qui, spontanément, aspire au Transcendant, à l'Absolu, à l'Infini. C'est celui qui espère un jour rejoindre Celui qui l'a créé. Qui prie pour qu'au Jugement final, il soit digne d'être parmi les élus. C'est celui qui cherche à se rendre digne de Dieu — s'il est possible — en se donnant à la Cité comme Dieu S'est donné aux hommes.

Enfin, le fasciste est un homme de Charité. Le fasciste, c'est celui qui aime Dieu plus encore qu'il n'aime sa patrie, et qui est prêt à mourir pour Lui s'il le faut. C'est celui qui aspire à la sainteté parfaite, au martyre. C'est celui qui, en attendant sa mort, pleure en songeant à la Passion du Christ. C'est aussi celui qui aime les âmes, c'est-à-dire qui veut leur Salut ; car il sait que la vie à laquelle l'homme est appelé est toute spirituelle, que « seule l'âme compte et doit dominer tout le reste, [et que], brève ou longue, la vie ne vaut que si nous n'avons pas à rougir d'elle à l'instant où il faudra la rendre à Dieu » (Léon Degrelle, *Les Âmes qui brûlent*). Le fasciste, c'est l'homme pour qui « l'État, en réglant la vie sociale de l'homme, doit prendre en compte son élévation au surnaturel » (abbé Julio Meinvielle, *Conception catholique de la politique*). C'est celui qui, nonobstant son approbation de la peine de mort — chose nécessaire et juste —, prie pour que le condamné à mort se convertisse et retourne à Dieu. C'est celui qui prie le Seigneur d'accueillir tous les membres de sa Communauté au Banquet céleste. C'est celui qui espère revoir un jour tous ses camarades, morts sur le champ de bataille, au Paradis.

★

Oui, le fasciste est un homme de Cœur, un romantique et un esthète, et même un homme de Foi.

C'est un homme, tout simplement. Un homme : c'est-à-dire un individu fait non seulement de raison et de volonté, mais aussi de passions, d'espoirs et de rêves, de désirs d'Absolu et d'Infini.

Le fasciste, au plus profond de son être, au plus intime de lui-même, est un amoureux.

Un amoureux de la Vie.

A. MÉTAPHYSIQUE ET THÉOLOGIE

I. De l'identité objective entre réel et pensée, et entre pensée et langage

Est-ce notre langage qui structure la pensée et, par-là, le réel lui-même ? Ou est-ce au contraire le réel qui est raison suffisante de la pensée et, ainsi, de notre langage ?

L'enjeu est de taille.

Si c'est le langage qui structure le réel, qui en est la raison suffisante, alors, quand les hommes appelleront la liberté « esclavage » et l'esclavage « liberté », celle-là deviendra vraiment esclavage, et celui-ci liberté ; quand tout le monde écrira — et, pourquoi pas, parlera — en « écriture inclusive », l'égalité des sexes sera réalisée, et Marlène Schiappa sera heureuse ; et quand, pour l'ensemble du genre humain, le féminin l'emportera grammaticalement sur le masculin, la femme sera effectivement plus forte que l'homme, et Caroline Fourest pourra dire : nous avons réussi.

Mais si c'est, au contraire, le réel qui est raison suffisante de notre langage, alors, on aura beau essayer de changer ce dernier artificiellement, par toutes les inventions possibles, le réel demeurera le réel, et les catégories de notre pensée — qui sont celles du réel — demeureront elles aussi identiques.

Nous allons ici tâcher d'apporter une réponse à cette interrogation, par l'analyse de notre langage.

Identité objective entre pensée et réalité

Mais, avant de nous pencher sur le langage en lui-même, il va nous falloir rappeler l'identité du réel et de la pensée, auxquels le langage — par nature — renvoie.

Comme l'enseigne Aristote au livre I des *Métaphysiques*, l'objet adéquat de l'intelligence est l'être, le réel : ce que tout homme désire par nature connaître, c'est ce qui est. De sorte que l'intelligence se structure, si l'on peut dire, selon l'appréhension du réel ; et que les catégories et les principes du réel deviennent, précisément par cette appréhension, ceux de sa pensée.

Aussi les dix genres premiers (la substance et les neuf accidents) qu'Aristote étudie dans ses *Catégories* sont-ils, avant d'être des instruments de la pensée, les genres premiers ou catégories du réel lui-même (et c'est d'ailleurs ce qui, fondamentalement, sépare le réalisme aristotélicien de l'idéalisme kantien, pour lequel les catégories sont juste des structures de notre entendement, indépendamment du réel).

De même, les principes premiers ou axiomes de la pensée (principes de non-contradiction, de raison suffisante, de causalité et de finalité, etc.) sont-ils, avant tout, les premiers principes de l'être : s'il est impossible de penser qu'un mur peut être en même temps et sous le même rapport blanc et non blanc, c'est précisément parce que, dans la réalité, un mur ne peut être en même temps et sous le même rapport blanc et non blanc (aucune intelligence ne peut penser une réalité en acte qui se voudrait contradiction) ; s'il est impossible de penser qu'une chose arrive sans qu'il y ait une raison qui l'explique, qu'une chose arrive de manière absurde, c'est parce que, dans la réalité, rien n'arrive sans raison suffisante (Leibniz, *Théodicée*, I, 44 : « jamais rien n'arrive sans qu'il y ait une cause ou du moins une raison déterminante, c'est-à-dire qui puisse servir à rendre raison *a priori* pourquoi cela est existant plutôt que non existant, et pourquoi cela est ainsi plutôt que de toute autre façon » [1]).

C'est pourquoi Aristote, au livre IV des *Métaphysiques*, explique que personne ne peut, à proprement parler, penser le contradictoire (l'être en acte exclut en effet les contradictoires, bien que l'être en puissance les fasse s'identifier) ou l'absurde ; mais que celui qui dit ou prétend penser le contradictoire et l'absurde est de mauvaise foi.

Or l'erreur finit toujours par mener à l'absurdité et à l'incohérence ; car seul le réel est parfaitement cohérent (même si, à cause de la faiblesse de notre raison, nous sommes loin de toujours le comprendre) ; et c'est d'ailleurs pour cette raison qu'une proposition fausse est toujours infirmable, *in fine*, par un raisonnement par l'absurde : si je dis par exemple que l'autorité n'est pas une chose naturelle, alors je dois en conclure que la société n'est pas non plus naturelle (puisque l'autorité est essentielle à la société), que la vie avec d'autres n'est pas essentielle à l'homme, et donc que ce dernier peut vivre tout-à-fait seul ; or cela est absurde ; donc l'autorité est chose naturelle.

Mais, si l'intelligence ne peut penser l'absurde, et que l'erreur aboutit toujours, finalement, à l'absurdité, alors nous devons dire que l'intelligence en tant qu'intelligence ne peut penser l'erreur (celle-ci venant donc de notre imagination, ou de notre volonté libre).

Il faut donc affirmer que l'intelligence en tant qu'intelligence ne peut être séduite que par la vérité, et que la pensée s'identifie *objectivement* à l'être (à tel point d'ailleurs qu'Aristote — au livre XII des *Métaphysiques* — définit Dieu, qui est l'Être suprême, comme « Pensée de Pensée » : le plus haut degré de pensée s'identifie, non seulement *objectivement*, mais aussi *formellement*, au plus haut degré d'être).

Or la vérité est, selon l'expression de saint Thomas d'Aquin, « *adaequatio rei et intellectu* », adéquation de la chose et de l'intelligence, conformité de l'intelligence, de sa pensée et des concepts qu'elle utilise pour penser, avec les choses qu'elle appréhende.

Aussi devons-nous en conclure que les concepts que l'intelligence admet sont objectivement identiques aux choses auxquelles ils renvoient.

Identité objective entre langage et pensée

À présent, nous pouvons analyser la nature du langage.

Platon, dans le *Cratyle* (dialogue de logique), explique que le langage signifie naturellement la pensée, ou que le mot est signe naturel du concept ; de sorte que, le concept étant objectivement identique à la chose, le mot désigne réellement la chose.

« Les mots — dit-il — sont plus que des instruments qui servent à nommer les choses ; ils sont comme des images qui renvoient par nature à la réalité » (*Cratyle*, 430a). Ainsi le langage, pour Platon, est-il le reflet du réel.

Que le concept soit objectivement identique à la chose, nous l'avons démontré.

Mais que le mot soit signe naturel du concept, cela semblera peut-être discutable à certains. Le mot ne serait-il pas quelque chose de purement conventionnel ?

Il est vrai que les mots, en tant que choisis par l'homme — sinon positivement, du moins négativement (à défaut de choisir tel mot pour désigner telle chose, on accepte d'utiliser ce mot parce qu'on n'en connaît point d'autres) —, ont, en cela, quelque chose de conventionnel.

Cependant, à bien analyser les mots que l'on utilise, on constatera que tous ont un fondement naturel, dans la mesure où le principe de tout mot réside dans le concept — naturel — auquel il renvoie.

Comme le montre Platon dans le *Cratyle*, l'étymologie d'un mot est toujours conforme à la notion qu'il exprime.

Par exemple, « homme » vient à la fois du terme latin *humus*, qui signifie « terre », et de *mens*, qui signifie « esprit » ; « habit » vient de *habere*, qui signifie « avoir » ; « société » vient de *socius*, qui signifie « allié » ; « politique », « police », ou encore « politesse » viennent du mot grec *polis*, qui signifie « Cité » ; etc. Un mot tire toujours son origine d'autres termes dont les concepts appartiennent à la compréhension de la notion à laquelle ce mot renvoie.

Quant aux premiers mots de l'humanité (s'il est vrai qu'il y en a eu des premiers), ils ne peuvent avoir d'autres mots pour origine ; mais il est certain que leurs sons expriment bien quelque chose de la réalité. D'ailleurs, les mots qui renvoient à la réalité sensible répondent généralement encore à ce critère : ainsi les termes « dur », « rugueux », « froid » et « sec » expriment-ils quelque chose de dur (à cause du « r » et du « s ») ; alors que les termes « doux », « lisse », « chaud » et « humide » expriment à l'inverse quelque chose de plus doux. Le terme même de « Dieu » semble avoir quelque chose de bon (à cause du « d » et du « i ») ; alors que celui de « Satan » semble avoir quelque chose de mauvais (à cause du « s » et du « t »).

À ce propos, il est intéressant de remarquer que les écrivains eux-mêmes ne choisissent (généralement) pas les noms de leurs personnages au hasard ; ces noms expriment quelque chose de la nature de ceux ou celles auxquels ils renvoient. Tolkien en est le meilleur exemple ; si, dans *Le Seigneur des anneaux*, les bons s'appellent Gandalf, Aragon et Galadriel, et les mauvais Sauron et Saroumane, ce n'est pas un hasard.

Aussi tous les mots ont-ils leur raison suffisante, dans les concepts auxquels ils renvoient ; si l'on appelle l'animal raisonnable « homme », plutôt que de toute autre façon, c'est qu'il y a une raison à cela : c'est que la notion d'animal raisonnable comprend les concepts de *mens* et d'*humus*, ces derniers donnant le mot « homme ».

Donc, à la suite de Platon, nous pouvons affirmer que les mots sont bien les signes naturels des concepts auxquels ils renvoient.

Ce n'est pas le langage qui structure la pensée, mais la pensée qui est principe du langage (une bonne logique est une logique dont la forme est similaire à celle du processus rationnel). Et puisque la pensée et le réel s'identifient, il faut en conclure que le langage est pour ainsi dire éduit du réel lui-même — quoiqu'il y ait une part de conventionalité qui permette la diversité de langues.

Le langage est fasciste.

Ainsi, ce n'est pas notre langage qui est raison suffisante de la réalité, mais bien la réalité qui — par l'intermédiaire de la pensée — est raison suffisante de notre langage.

Ce n'est pas parce que le langage fait une distinction entre masculin et féminin que nous pensons qu'il y a des hommes et des femmes ; mais c'est au contraire parce que nous savons naturellement qu'il y a des hommes et des femmes, et qu'ils sont différents, que notre langage distingue le masculin du féminin.

De même, ce n'est pas parce nous employons les termes de « père » et de « mère » que nous croyons que les parents d'un enfant sont un père et une mère ; mais c'est parce que nous savons, naturellement, que les parents d'un enfant sont un père et une mère, que nous employons de tels mots.

Allez demander à un enfant d'appeler ses parents « Parent 1 » et « Parent 2 ». Il vous rira au nez.

Que nos bons idéologiques renoncent donc à leurs projets : ils auront beau essayer de changer le langage des hommes, langage « fasciste » (*dixit* Roland Barthes), ces derniers continueront, fondamentalement, à penser comme ils ont toujours pensé, par-là à parler comme ils ont toujours parlé.

Et **le réel, lui, demeurera tel quel. Car — pour le plus grand malheur des progressistes — il est conservateur.**

D'aucuns diront même qu'il est réactionnaire.

Mais surtout, il se moque bien des fous qui — à l'aide de simples mots — voudraient le changer.

---

(1) Le principe de raison suffisante est en effet requis pour fonder le principe de causalité (l'être contingent est causé, c'est un peu comme le nez est camus : tout camus est nez, mais tout nez n'est pas nécessairement camus), mais il n'est recevable que s'il sait faire sa place à la contingence, ce que néglige peut-être Leibniz ; il existe une contingence réelle, qui pourtant n'est pas dépourvue de sens (d'intelligibilité et de finalité) et qui demeure donc rationnelle.

II. De la notion de réflexion ontologique

L'idée néo-platonicienne de « réflexion ontologique », systématisée par Hegel dans sa *Logique*, c'est-à-dire d'une contradiction (d'une négation qui se renie) au sein de l'identité, est nécessaire à la résolution d'un grand nombre de problèmes philosophiques, dont le problème du point de suture entre nature et grâce, que nous aurons plus tard l'occasion d'aborder.

Pour faire simple, on définira la réflexion ontologique comme étant l'acte à raison duquel l'être en tant qu'être nie sa négation en l'assimilant — pour se confirmer dans son identité d'être.

La réflexion ontologique chez Hegel

Que cette notion est conforme au réel, et par-là recevable, il y a nous semble-t-il trois manières de le montrer.

Approche hégélienne : « L'Être considéré d'une manière générale, en lui-même, et n'ayant encore aucune forme, est la source première d'où tout procède. Tout ce qui existe dans l'Univers, et l'Univers lui-même, en découlent. Si l'on considère l'Être, en effet, avant qu'il ait pris aucune forme déterminée, on voit que l'on peut dire de lui qu'il est et qu'il n'est pas en même temps. Il est tout et il n'est rien ; il est tout en général, mais il n'est rien de particulier. Or, en faisant ce raisonnement, nous avançons d'un pas, puisqu'à l'Idée de l'Être que nous posions d'abord, nous voyons maintenant se joindre l'Idée du Non-être ou du Néant que nous n'avions pas posée. Dans ce cas comme dans tous les autres, c'est la force dialectique de l'Idée que nous posons, qui nous oblige à reconnaître que cette Idée, quelle qu'elle soit, n'est pas ce qu'elle paraît être d'abord, mais au contraire, qu'elle se contredit pour ainsi dire elle-même, en s'opposant une seconde Idée qui est la négation de la première. C'est pour ce même motif que dans la circonstance actuelle nous avons pu dire de l'Être en général qu'il est tout et qu'il n'est rien.

Mais si l'on veut y réfléchir attentivement, on verra que (la même force dialectique agissant toujours) les Idées ne sauraient demeurer dans cet état d'opposition l'une à l'égard de l'autre, et qu'il sort nécessairement des deux contraires une troisième Idée, qui est la résultante et comme la vérité des deux premières. En effet, l'Être ne disparaît pas, comme on le pourrait croire, dans l'Idée du Non-être ou du Néant que nous lui opposons. Il subsiste ; mais en même temps il n'est plus le même : il est toujours l'Être, mais il assume à présent ce Néant qui est pourtant sa négation » (Hegel, *Logique subjective*). Ainsi, il existe une dialectique circulaire interne à l'Être, une réflexion ontologique ; et cette réflexion comprend trois moments, ou termes, qui sont primordialement l'Être positif, le Néant entendu comme *Aufhebung* (1) de l'Être, et l'Être entendu comme *Aufhebung* du Néant (on remarquera — dans ces conditions — que *le Néant est intérieur à l'Être* [2]). Le second moment nie le premier, et, en le niant, l'assume d'une certaine manière. De même pour le troisième, qui nie et assume le second, et qui — dans l'acte de le nier — réaffirme le premier, et — dans l'acte de l'assumer — dépasse ce même premier. Le premier moment, Hegel l'appelle *position* ; le second, *négation* ; le troisième, *négation de négation*.

La réflexion ontologique dans le thomisme

Comme le montre Stepinac dans *Du Problème du rapport entre nature et grâce*, l'idée de réflexion ontologique est en outre présente, implicitement, dans l'héritage métaphysique du thomisme.

Ce qui peut se montrer comme suit :

Première approche thomiste : « *Quanto magis forma* **vincit** *materiam, tanto ex materia et forma magis efficitur unum* » (saint Thomas, *Somme contre les Gentils*, II, 68) : plus la forme **se rend victorieuse** de la matière, plus l'unité de la matière et de la forme est parfaite. Or l'unité de deux éléments est le principe de l'amour qui les fait tendre l'un vers l'autre (on aime naturellement ce qui nous ressemble). Donc l'amour de la matière pour la forme est mesuré par le degré de négation victorieuse que la forme exerce sur la matière ; puisque la femme est à l'homme ce que la matière est à la forme, l'amour de la femme pour l'homme se mesurera, paradoxalement, au degré de domination que ce dernier exercera sur elle. Or ce qui aime trouve son bien dans la possession de ce qu'il aime. Donc la matière est perfectionnée dans son ordre propre de matière par l'acte même d'être niée ; ce qui revient à dire que l'essence de la matière est l'unité — contradictoire — de l'attraction et de la répulsion. Or, ce qui réalise l'identité contradictoire de l'attraction et de la répulsion est ce qui, en même temps, se repousse de soi et s'attire à soi ; ainsi, ce qui se repousse de soi dans un processus qui est régression en direction de l'origine du processus ; en d'autres termes, c'est ce qui est réflexion, laquelle, comme circulaire, est un perpétuel retour à l'origine. Donc, la forme réelle, qui réalise l'identité contradictoire de l'attraction et de la répulsion en la matière, est réflexion. Or la matière est à la forme ce que la puissance est à l'acte. Donc, l'acte en général, ainsi l'être en tant qu'être, réalise l'identité contradictoire de l'attraction et de la répulsion en la puissance, et ainsi il est réflexion. Et cette réflexion de l'être en tant qu'être, c'est, précisément, ce que l'on appelle réflexion ontologique.

Seconde approche thomiste : Comme l'enseigne l'Aquinate dans le *De principiis naturae*, toute génération naturelle suppose trois principes, à savoir la matière prime (*ens in potentia*), la forme (*id per quod fit actu*), et la privation (*non esse actu*) ; mais la matière et la privation se confondent *in re*, bien qu'elles soient distinctes *in ratione*. Or, la privation est négation de la forme. Donc la matière est négation de la forme, quoiqu'en puissance à elle. Et donc la forme est négation de la matière qui pourtant, en tant qu'actuée par la forme, est perfectionnée par cette négation même, ainsi confirmée dans son identité de matière ; aussi l'actuation de la matière est-elle sa ***négation***, au sens où l'entend Hegel, son ***Aufhebung***, comme le papillon nie la chrysalide qu'il assume ; ce qui se produit, dans cette *négation*, c'est la conversion de l'origine en résultat, par assimilation de l'origine primitivement opposée à ce résultat. Or, la matière — nous l'avons dit — est privation de forme bien qu'en puissance à en recevoir une, et ainsi négation de la forme. Donc la forme est par essence négation de négation d'elle-même. Mais, la matière ne peut être à la forme que ce que la puissance est à l'acte. Par conséquent, l'acte pris au sens le plus universel du terme, l'être en tant qu'être, est négation de puissance, par-là négation de négation de lui-même, et ainsi réflexion. Et cette réflexion de l'être en tant qu'être, c'est précisément la réflexion ontologique.

Dieu, raison suffisante de toute réflexion ontologique

Dans la mesure où *nihil est sine ratione* (3), il faut dire que cette réflexion à laquelle tous les êtres participent, sans qu'aucun en soit la raison suffisante, est premièrement celle d'un Être qui est raison suffisante à la fois de sa propre réflexion et de celle de tous les êtres : et cet être ne peut être que l'Être suprême, à savoir Dieu.

Ainsi, **Dieu, qui est l'Infini actuel, est *négation* de la finitude, victoire éternelle sur la finitude qu'Il assume**. Et dire qu'en Dieu il y a réflexion ontologique, ce n'est pas dire qu'Il est en mouvement ; car la réflexion ontologique, comme positionnelle d'un perpétuel retour à l'origine, équivaut au repos absolu : l'acte de se réfléchir et d'être sa réflexion est immobile en tant que radicalisation du mouvement.

Ces choses étant dites, nous rejoignons Duns Scot lorsqu'il affirme que Dieu S'est incarné avant tout pour Sa Gloire extrinsèque ; en effet, Dieu, Victoire éternelle sur la finitude qu'Il assume, nous a révélé quelque chose de Sa nature en Se faisant homme : Il nous a montré que cette finitude dont Il était victorieux en tant qu'Infini actuel, Il l'assumait néanmoins dans un éternel dépouillement de Soi — et là c'est Hegel que nous rejoignions —, dans cette « Kénose » (4) rendue seulement visible aux hommes par l'Incarnation.

(1) *Aufhebung* vient du verbe allemand *aufheben* qui signifie contradictoirement « nier » et « conserver », « abroger » et « actualiser ».
Il peut être rendu par le substantif « achèvement », qui renvoie à la fois à l'idée d'accomplissement et d'élimination.

(2) « L'être du néant en tant que néant ne peut être que celui de l'être en puissance, entendu comme puissance à être, c'est-à-dire comme puissance dénuée de toute actualité. On dira certes qu'il faut bien que la puissance soit, elle-même, pour être en puissance ; et l'on ajoutera que le néant — par définition — n'est pas, qu'il n'est qu'un être de raison. Mais précisément : l'être de cet être en puissance considéré comme dénué de toute actualité est l'être à l'égard duquel il est en puissance, et que précisément il n'est pas en tant qu'il n'en est que la puissance ; en tant que puissance qui est — à être —, il est bien du néant qui est. La pure puissance, prise comme limite extrême de la pénurie ontologique, fait se réaliser son être d'être en puissance, mais dans le moment même où cette réalisation lui soustrait toute forme d'être, puisqu'il n'est que puissance à tout être, de sorte qu'il n'est pas mal nommé néant, entendu comme cette position dans sa négativité en laquelle s'anticipe, pour s'en faire provenir, l'être en acte.
« Pour le dire autrement : les principes de l'être mobile sont la matière, la forme et la privation, mais entre la matière prime et la privation, il n'existe qu'une différence de raison, de sorte que la matière prime est privation radicale de toute forme ; comme sujet réceptif de la forme, la matière prime doit bien avoir un minimum de consistance ontologique ; et pourtant il ne lui est pas donné de subsister en tant que prime : aussitôt que posée comme matière prime, elle se renie comme matière, elle n'a même pas l'être de ce non-être relatif qu'est la matière ; elle est donc néant, et pourtant elle n'est pas rien puisqu'elle est sujet : elle est néant qui est, lequel est immédiatement néant de toute chose, ainsi concomitamment néant de lui-même et surgissement d'être » (Joseph Mérel, *Pour une contre-révolution révolutionnaire*).
Il est donc juste de dire que le Néant est intérieur à l'Être.

(3) La formulation complète du principe de raison suffisante nous est donnée par Leibniz : « Jamais rien n'arrive sans qu'il y ait une cause ou du moins une raison déterminante, c'est-à-dire qui puisse servir à rendre raison *a priori* pourquoi cela est existant plutôt que non existant et pourquoi cela est ainsi plutôt que de toute autre façon » (*Théodicée*, I, 44). Rappelons à ce propos que Pie XII, dans *Humani generis*, ajoute

aux principes de causalité et de finalité, comme principes premiers de la raison humaine, le principe de raison suffisante (« les principes inébranlables de la métaphysique, à savoir *de raison suffisante*, de causalité et de finalité »). Et c'est là un principe non thomiste, mais qui — loin de le contredire — prolonge le thomisme.

(4) La Kénose est une notion de théologie chrétienne qui signifie « action de se vider, de se dépouiller » ; le sens de cette notion dans le christianisme s'éclaire par l'Épître de saint Paul aux Philippiens (Ph 2, 6) : « Lui qui est de condition divine, n'a pas revendiqué jalousement Son droit d'être traité comme l'égal de Dieu. Mais Il S'est dépouillé de Lui-même, prenant condition d'esclave, et devenant semblable aux hommes. S'étant comporté comme un homme, Il S'humilia plus encore, obéissant jusqu'à la mort, et à la mort de la Croix ! »

III. Du rapport entre nature et grâce : démarche dialectique

Le sujet du « désir naturel de voir Dieu » est certainement celui qui, dans l'histoire de la réflexion théologique, a fait couler le plus d'encre ; et ce, pour la simple et bonne raison qu'il est à la fois un réel *problème* et un problème *réel*.

Un réel *problème*, tout d'abord.

En effet : d'une part, **on ne saurait faire l'économie de l'existence en l'homme d'un authentique désir naturel de voir Dieu**, puisque seul le Bien Universel peut combler la volonté humaine, et que le Bien Universel ne peut se trouver qu'en Dieu ; or, un désir naturel ne peut être vain puisque Dieu est infiniment juste ; mais voir Dieu relève *a priori* de la vision béatifique, et la grâce est le seul moyen de parvenir à cette vision ; donc, il semble — à bien y réfléchir — que Dieu n'aurait pu créer l'homme sans l'élever à l'ordre de la grâce. Mais, d'autre part, **il est de dogme de tenir la grâce pour gratuite** ; or, tenir la grâce pour nécessaire à la nature humaine (prise en soi), c'est la tenir pour exigible, puisque ce qui est nécessaire à une nature est dû en justice à cette nature, et c'est donc, en fin de compte, nier l'absolue gratuité de la grâce. **Nous sommes donc obligés de tenir pour vraies deux propositions vraisemblablement contradictoires.** Et le problème se pose non seulement pour l'homme, s'il avait été créé en état de pure nature, mais aussi pour les substances séparées avant que Dieu ne les éprouve, pour les habitants du « Sein d'Abraham » (Lc, 16, 22), et pour les enfants morts sans baptême. En quoi peut bien consister ce lieu qu'on appelle « limbes » ? (1) Ce lieu semble en quelque sorte contradictoire, puisque les âmes qui sont censées y habiter sont dans un état de béatitude, sans pour autant voir Dieu, alors que seule la vision de Dieu peut être source de vraie béatitude pour une créature rationnelle.

Un problème *réel*, aussi :

Loin d'être la seule lubie de quelques théologiens désœuvrés, ce problème comporte bien des enjeux : c'est toute une conception du rapport entre nature et grâce qui dépend de la réponse donnée, et donc du rapport entre raison et foi, philosophie et théologie, amour naturel et charité, vertus naturelles et vertus surnaturelles, justice et miséricorde, société politique et religion, État et Église, etc. Et il faut ajouter que ce problème est en quelque sorte la cause rationnelle de toutes les grandes hérésies — le montrer sera d'ailleurs l'un des objectifs de notre travail — ; le pélagianisme et le semi-pélagianisme, le luthéranisme et ses rejetons baïaniste et janséniste, le modernisme et le néo-modernisme... mais aussi des théories malheureusement aussi néfastes que celle d'un état de pure nature pensé comme tout à fait étranger au désir de Dieu et celle de la « puissance obédientielle » ne sont, d'après nous, que les conséquences logiques de cette aporie, ou plutôt devrions-nous dire de la non-résolution de cette aporie.

Nous pouvons d'ailleurs reprocher beaucoup de choses aux théologiens de tendance néo-moderniste (notamment les pères jésuites de Lubac, Teilhard de Chardin et Daniélou) ; il n'empêche que ces derniers ont essayé d'apporter une réponse à un vrai problème — bien que la réponse qu'ils aient proposée soit contestable — ; si les théologiens réputés « intègres » ne l'avaient pas négligée, ou traitée de manière trop superflue, les profondes divisions auxquelles nous assistons dans l'Église depuis maintenant un demi-siècle n'auraient pas lieu, celle-ci ne serait pas devenue le champ de bataille que nous connaissons aujourd'hui.

Le problème du désir naturel de voir Dieu est donc à la racine de nombreuses hérésies et doctrines néfastes, mais aussi de la plus grande crise que l'Église Universelle ait jamais connue. Il est donc temps pour nous, catholiques de conviction, d'essayer de le résoudre. Et c'est précisément à sa résolution — aussi ambitieux que le projet puisse paraître — qu'est consacré le présent travail.

Il serait téméraire de présenter la réponse ci-dessus rapportée comme la solution définitive au problème. Au moins peut-on espérer qu'elle est une réponse conforme au dogme et aux exigences de la raison.

Les termes du problème

Avant que de s'atteler à la résolution du problème, il nous faut en poser les termes de manière rigoureuse.

Les données de ce problème sont — nous semble-t-il — au nombre de dix :

D'une part :

1. Il existe en l'homme un désir *naturel* de voir Dieu.

2. Ce désir est un désir *authentique*.

3. Désirer voir Dieu, c'est désirer *la vision de l'essence divine*.

4. Un désir naturel ne peut être vain, c'est-à-dire qu'il est nécessairement *satisfaisable*.

5. La vision béatifique (surnaturelle) est *a priori* la *seule* vision de l'essence divine (s'il est vrai que l'ordre surnaturel est la nature même de Dieu, la vision de l'essence divine n'est en droit accessible que par la grâce).

Et d'autre part :

6. La grâce est absolument *nécessaire* pour accéder à la vision béatifique.

7. Il n'existe pas simplement une distinction de raison entre nature et grâce, mais une différence *réelle*.

8. Et cette différence réelle n'est pas une différence de degré, mais une différence *d'ordre*, de nature.

9. La grâce est absolument *gratuite* : elle ne peut donc être due à personne.

10. Pour la même raison : elle *ne peut être due* à aucune nature.

Le problème est le suivant : concrètement, il est impossible de tenir en même temps ces dix propositions théologiques pour vraies.

Si l'on déclare, par exemple, que la grâce est tout à fait nécessaire (6) pour parvenir à la vision béatifique que l'homme désire naturellement (1-2-3-5), mais qu'elle est absolument gratuite (7-8-9-10), il faut dire que la nature est vaine (négation de la proposition 4) ; et c'est la solution janséniste.

Si l'on prétend, à l'inverse, que ce désir naturel de la vision béatifique (1-2-3-5), par-là ce désir naturel du surnaturel (6), ne peut être vain (4), on en vient logiquement soit à corrompre, d'une manière ou d'une autre, l'absolue gratuité de la grâce (négation de la 9 ou de la 10), soit à nier ou amoindrir la réelle différence qui existe entre l'ordre naturel et l'ordre surnaturel (négation de la 7 ou de la 8) ; et ce sont les solutions semi-pélagienne, baïaniste, et moderniste.

Et si l'on affirme que la nature ne fait rien en vain (4), et en même temps que la grâce est absolument gratuite (7-8-9-10) et qu'elle seule peut mener à la vision de l'essence divine (5-6), on doit nier la naturalité du désir de voir Dieu (négation de la proposition 1), la surnaturalité de son objet (négation de la proposition 3), ou encore son authenticité (négation de la proposition 2) ; et ce sont les solutions néo-thomistes, celle de Cajetan, Suarez et Garrigou-Lagrange.

Etc.

Ainsi, il est nécessaire, pour qu'il n'y ait pas contradiction, que l'une de ces dix propositions soit fausse.

Enquête dialectique

Les plus grands théologiens de l'histoire, qu'ils soient réputés orthodoxes (Augustin d'Hippone, Thomas d'Aquin, Cajetan, Suarez, Garrigou-Lagrange, etc.) ou plus hétérodoxes (Pélage, Luther, de Bay, Jansen, Laberthonnière, etc.) ont chacun tenté d'apporter une réponse ; concrètement, ils ont tous nié ou amoindri la portée de l'une des dix propositions exposées ci-dessus.

Nous tâcherons ici de présenter leurs thèses, non sans les simplifier quelque peu, les vulgariser même, afin de n'en conserver que ce qui sera strictement nécessaire à notre étude. Le lecteur daignera certainement nous en excuser.

Pélage

La grâce, affirme Pélage (350 – 420) dans le *De natura*, n'est pas absolument nécessaire pour parvenir à la vision béatifique ou vie éternelle (négation de la proposition 6), mais n'est qu'une aide contingente, car la seule vertu naturelle permet d'y accéder — de sorte que l'homme aurait été ordonné et appelé à la vie éternelle même dans l'état de pure nature (2) — bien qu'elle ne permette pas d'entrer dans le Royaume de Dieu. Ainsi la thèse de Pélage repose-t-elle sur une distinction entre vie éternelle et Royaume de Dieu.

Mais, contre cette thèse : Il est de dogme de tenir la grâce pour unique moyen d'accéder à la vision béatifique : « La vie éternelle est une grâce du Très-Haut » (Rm, 6, 23).

Et cela peut être démontré comme suit : la vision béatifique est nécessairement surnaturelle, puisque son objet est Dieu, et que la nature de Dieu est surnaturelle, c'est-à-dire au-delà de toute nature (créée). Or un moyen est toujours proportionné à la fin pour laquelle il est moyen. Donc l'unique moyen pour une créature d'accéder à la vision béatifique est la surnature en tant qu'elle est lui est communiquée, c'est-à-dire la grâce.

Et ainsi, la seule pratique de la vertu naturelle ne permet pas d'accéder à la vision béatifique, précisément parce qu'elle est naturelle alors que la vision béatifique est surnaturelle. Seuls ceux qui appartiennent au Royaume de Dieu ont la vision béatifique ; Royaume de Dieu et vie éternelle sont bien la même chose.

La solution pélagienne n'est donc pas recevable. Et la proposition 6 doit être tenue pour vraie.

Cassien

Si Dieu donne pour la première fois sa grâce à un homme, affirme Cassien (360 – 435), ce ne peut être que parce que ce dernier a de bonnes dispositions naturelles — volonté généreuse, pratique de la vertu — et, par-là, qu'il mérite la grâce (cf. *Conférences*, XIII : De la grâce divine).

Mais, par définition, ce qui est mérité est dû au méritant. Dans cette optique, la grâce serait donc due à ceux qui la méritent, par-là ne serait pas absolument gratuite (négation de la proposition 9). Or, il est de dogme de tenir la grâce pour absolument gratuite : « Ils sont justifiés gratuitement par sa grâce » (Rm, 3, 24) ; « C'est par la grâce que vous êtes sauvés, par le moyen de la foi ; et cela ne vient pas de vous, c'est le Don de Dieu » (Eph, 2, 8) ; « À celui qui a soif, je donnerai gratuitement de la source de l'eau de vie » (Ap, 21, 7).

Ce qui est logique : la grâce est nécessairement gratuite, c'est-à-dire qu'elle ne peut être donnée aux créatures que gratuitement, puisque nature et grâce relèvent de deux ordres réellement distincts, et que ce qui relève d'un ordre ne peut être dû à un autre ordre.

Il existe en fait deux sortes de mérite : le « mérite de condignité », et le « mérite de congruité » (3). Le premier mérite relève de la stricte justice, le second de la pure convenance (et non d'une « proportion » — il n'y a pas de proportion entre nature et grâce). L'homme qui, sous l'impulsion d'une grâce actuelle, pose un acte naturel vertueux, peut bien, en certains cas, avoir un mérite de congruité à l'égard de Dieu, c'est-à-dire qu'il peut mériter en convenance une autre grâce actuelle, et parfois même la grâce sanctifiante ; mais il ne peut en aucun cas mériter sa première grâce actuelle, même en convenance, et encore moins une grâce (qu'elle soit actuelle ou sanctifiante) en justice.

La réponse semi-pélagienne ne peut donc être retenue. Et la proposition 9 doit être tenue pour vraie.

Saint Augustin, saint Anselme et saint Thomas

L'Écriture sainte, la première, nous enseigne qu'il existe bel et bien en l'homme un désir naturel de Dieu : « Ô Dieu, Tu es mon Dieu, je Te cherche ! Mon âme a soif de Toi ! » (Ps 62, 2). Et ce thème du désir naturel de Dieu est récurrent chez saint Augustin (354 – 430). Tout le monde connaît, entre autres, cette fameuse apostrophe du théologien d'Hippone : « *Fecisti nos ad Te et inquietum est cor nostrum donec requiescat in Te !* » (*Confessions*, I, 1) : Parce que Tu nous as faits pour Toi, notre cœur est inquiet jusqu'à ce qu'il repose en Toi !

Saint Anselme de Canterbury (1033 – 1109) a quant à lui ces mots magnifiques : « Je ne T'ai jamais vu, Seigneur mon Dieu, je ne connais pas Ton visage. Que peut faire, Très Haut Seigneur, que peut faire Ton lointain exilé ? Que peut faire Ton serviteur tourmenté de Ton amour, et rejeté loin de Ta face ? Il aspire à Te voir, et Ta face est trop éloignée de lui. Il désire T'aborder, et Ta demeure est inabordable. Il souhaite Te trouver, et il ne sait où Tu es. Il ambitionne de Te chercher, et il ignore Ton visage. Seigneur ! Tu es mon Dieu, Tu es mon Seigneur, et je ne T'ai jamais vu. Tu m'as créé et recréé, Tu m'as pourvu de tous mes biens, et je ne Te connais pas encore. J'ai été créé pour Te voir. Mais je n'ai pas encore réalisé, Seigneur, ce pour quoi j'ai été créé » (*Proslogion* ou *Allocution sur l'existence de Dieu*).

Mais saint Thomas d'Aquin (1225 – 1274) est le premier à avoir systématisé, pour ainsi dire, ce désir naturel de Dieu.

« Il est impossible que la béatitude de l'homme se trouve en quelque bien créé que ce soit. La béatitude se trouve en effet dans le bien parfait, qui est capable de reposer complètement l'appétit ; sans quoi ce ne serait pas la fin ultime, mais il resterait encore quelque chose à appéter. Mais l'objet de la volonté, laquelle est l'appétit proprement humain, est le Bien Universel. Cela prouve de manière manifeste que rien ne peut reposer la volonté humaine sinon le Bien Universel, lequel ne peut se trouver ailleurs qu'en Dieu, parce que toute créature a une bonté participée » (saint Thomas, *Somme théologique*, I-II, 2, 8). Ainsi, Dieu seul peut être l'objet de la béatitude d'une créature intellectuelle ; or tout être désire, par nature, l'objet de sa béatitude ; donc toute créature intellectuelle désire naturellement Dieu. Mais désirer Dieu, pour elles, c'est désirer la vision de Son essence, puisque l'objet adéquat de l'intelligence en tant qu'intelligence est la quiddité des êtres. C'est pourquoi : « ***Omnis intellectus naturaliter desiderat divinae essentiae visionem*** » (saint Thomas, *Somme contre les Gentils*, III, 57, 4) : Tout intellect désire naturellement la vision de l'essence divine. Ainsi, contre ce que le Père de Lubac appelait l'« extrinsécisme », et contre un certain surnaturalisme, on ne saurait faire l'économie de l'existence en l'homme d'un désir naturel de voir Dieu.

On peut d'ailleurs montrer la même chose en faisant remarquer que l'intelligence, lorsqu'elle connaît un effet, désire naturellement en connaître la cause (ainsi la première question posée par l'enfant est généralement « Pourquoi ? »). Mais une fois connue la raison d'être de l'effet, son désir de connaître n'est pas satisfait, car il reste encore à connaître la cause en elle-même (l'autre grande question de l'enfant est « Qu'est-ce que c'est ? »). L'intelligence humaine n'est donc pas assouvie par la connaissance d'une cause première des choses, mais son désir se tourne alors vers la connaissance de l'essence même de cette cause. Or, un être n'est parfaitement heureux que lorsqu'il n'a plus rien à appéter. Par conséquent, la béatitude de l'intellect humain requiert qu'il saisisse l'essence même de la cause première.

Ainsi, il existe un authentique désir naturel de voir l'essence divine. Et les propositions 1, 2 et 3 doivent donc, *a priori*, être tenues pour vraies.

Cajetan

Les successeurs de saint Thomas ont été confrontés au problème suivant : si l'on part du principe qu'il existe en l'homme un authentique désir naturel de voir Dieu, alors, puisqu'un désir naturel ne peut être vain, que la vision béatifique est *a priori* la seule manière de voir Dieu dans Son essence, et que la grâce est l'unique moyen d'accéder à la vision béatifique, on en vient logiquement à remettre en question la gratuité de la grâce. Or, il est de dogme de tenir la grâce pour gratuite. Donc, en ont-ils conclu, on ne peut penser, sans risque d'hérésie, qu'il existe en l'homme un authentique désir naturel de voir Dieu.

C'est pourquoi ils se sont sentis obligés de nier directement ou indirectement ce désir ; mais tout en cherchant à ne pas contredire apparemment l'Aquinate. Trois grandes solutions ont été ainsi proposées : celle de la « puissance obédientielle » (Cajetan), celle du « désir naturel de voir Dieu dans Ses effets » (Suarez), et celle du « désir-velléité » (Garrigou-Lagrange).

Cajetan (1469 – 1534), pour réfuter Luther, déclare qu'il n'existe pas de désir *naturel* de Dieu (négation de la proposition 1), mais qu'il y a chez l'homme une puissance *obédientielle* (analogue à la puissance du corps d'être l'objet d'opérations miraculeuses), dont celui-ci n'eût pris conscience si la grâce ne l'avait actualisée, et qui, par-là, ne se fût pas manifestée comme une exigence.

La difficulté de la réponse de Cajetan, de cette « puissance obédientielle » (qui fait partie de ces notions confuses si chères à la néoscolastique et dignes de l'« haeccéité » du Docteur subtil...), est que, si elle est une puissance distincte des puissances naturelles d'appétition (volonté et cœur), l'actuation de cette dernière invite l'homme à s'arracher aux créatures pour s'attacher à Dieu, quand les puissances naturelles, supposées vouées à l'immanence, ne cessent de faire valoir leur droit, au point que l'homme est comme déchiré entre deux fins quasi conflictuelles, et se voit concrètement dans l'obligation, soit de faire abstraction de la surnature au nom de la nature, soit de frustrer la nature au profit de la surnature ; et ce sont les définitions mêmes du naturalisme et du surnaturalisme (c'est d'ailleurs pourquoi nous pensons, à la suite de Lubac, que le dualisme théologique, le système d'un état de pure nature pensé comme tout à fait

étranger au désir de Dieu et la théorie de la puissance obédientielle sont les causes principales, logiques sinon chronologiques,
du naturalisme et du surnaturalisme modernes).

Or, dans la mesure où une Révélation condescend à se donner aux hommes, alors, puisqu'il existe en eux un désir naturel
de voir Dieu, il est contre nature de refuser la grâce, qui, seule,
fait accéder l'homme à la vision béatifique et donc au bonheur
parfait ; mais il est également contraire à la grâce de frustrer la
nature, puisque la grâce suppose la nature, et qu'elle perfectionne la nature jusque dans son ordre propre.

Donc la théorie de la « puissance obédientielle » n'est pas
recevable ; par conséquent, nous maintenons qu'il existe en
l'homme un désir *naturel* de Dieu : la proposition 1 doit être
tenue pour vraie.

Luther et Baius

Martin Luther (1483 – 1546) dans son *Commentaire de
l'Épître aux Romains*, puis Michel de Bay (1523 – 1589) dans le
De prima hominis justitia affirment — à la suite d'Augustin —
que le bonheur de l'homme ne peut consister que dans la vision
béatifique. Or, déclarent-ils — à juste titre —, Dieu, qui est infiniment bon, n'aurait pu créer l'homme sans lui donner les
moyens d'accéder au bonheur.

Par conséquent, la grâce, seul moyen d'accéder à cette vision
surnaturelle, relèverait nécessairement de la nature humaine
(ainsi est exclue la possibilité d'un état de « pure nature », et sont
niées la consistance ontologique et la valeur intrinsèque de la
nature humaine prise en soi : par le péché originel, l'homme
aurait non seulement perdu la grâce, mais aussi ses capacités
naturelles de connaître le vrai et d'aimer le bien). La grâce ne
serait pas un don surnaturel de Dieu, mais un complément
nécessaire de la nature humaine, et par-là un dû, certes non dans
l'état actuel, mais dans l'état originel (négation de la proposition 10).

Mais cette thèse est irrecevable, car elle s'oppose directement à la gratuité de la grâce : en effet, ce qui est gratuit ne peut être dû en aucune manière, *y compris à une nature essentielle*. La réponse de Luther et Baius ne peut donc être retenue. Et la proposition 10 doit être tenue pour vraie.

Suarez

Suarez (1548 – 1617), pour réfuter Baius, affirme que le désir de Dieu, qui est naturel, ne peut être que celui de « Le voir dans Ses effets » (négation de la proposition 3), ce qui est l'acte formel de la métaphysique ou philosophie spéculative : dans l'état de pure nature, « la connaissance de Dieu, pour l'âme séparée comme ici-bas, est abstractive et par Ses effets » (*De fine ultime*).

Suarez s'inscrit donc dans le dualisme de Cajetan : « À supposer qu'en fait l'homme soit appelé à une fin plus haute [que sa fin naturelle], celle-ci ne pourra être que surajoutée » (*ibid.*).

Le problème est que, contempler Dieu, c'est nécessairement Le contempler tel qu'en Lui-même — n'en déplaise à Suarez — ; car contempler Dieu métaphysiquement, à partir de Ses créatures, c'est à proprement parler contempler les créatures de Dieu et seulement ces dernières. « Une contemplation philosophique [...], même fût-elle expérimentale comme la contemplation apophatique de la mystique naturelle, restera toujours une connaissance dans un miroir et par énigme, incapable de [nous] unir réellement et immédiatement à l'objet divin, qui cependant doit être [notre] fin ultime » (Maritain, *Neuf leçons sur les notions premières de la philosophie morale*). Il existe donc en l'homme un authentique désir naturel de voir l'*essence divine*. Et c'est pourquoi « la contemplation de Dieu dans ses effets [...] ne peut rassasier totalement l'intellect » (Jean de Saint-Thomas, *Cursus theologicus*, t. 2).

La proposition 3 doit être tenue pour vraie.

Jansénius

Comme Baius, Cornelius Jansen (1585 – 1638) insiste sur le fait que le bonheur de l'homme ne peut consister que dans la vision béatifique, de sorte qu'il existe en lui un authentique désir naturel de Dieu. Mais rappelle-t-il, contre Baius, la grâce, qui permet seule d'accéder à la vision béatifique, est un don absolument gratuit de Dieu. C'est donc, en conclut-il, que le désir *naturel* de voir Dieu est vain (négation de la proposition 4), puisque l'homme ne peut atteindre *par sa seule nature* ce vers quoi il tend *naturellement* : dans un état de *pura natura* (état qui eût été possible, d'après Jansen), l'homme n'eût jamais trouvé le parfait bonheur (*Augustinus*, ad Primam Partem). C'est donc que la nature est vaine, que tout ce qui relève de la nature humaine — de la raison ou de la volonté — est dérisoire sans la grâce : « la philosophie [naturelle] est la source des erreurs, la mère des hérésies » ; « la cause efficiente du libre arbitre n'est pas cette faculté naturelle qu'est la volonté, mais la grâce » de sorte que « celle-ci doit libérer la volonté pour que l'homme puisse accomplir des actions non pas seulement surnaturelles, mais tout simplement moralement bonnes » ; les conclusions de Jansénius sont finalement à peine plus modérées que celles de Luther et Baius.

Si le désir de voir Dieu ne peut être vain, affirment par ailleurs les disciples de Jansen — Arnauld (1612 – 1694), Pascal (1623 – 1662), etc. — alors on en vient logiquement à affirmer que tous les hommes se sauvent. Or, c'est une vérité de foi que des hommes se damnent : « Ceux qui dorment dans la poussière de la terre se réveilleront, les uns pour la vie éternelle, *et les autres pour l'opprobre, pour la honte éternelle* » (Dn, 12, 2). Donc on ne peut admettre, en concluent-ils, que le désir de voir Dieu ne puisse être vain.

Mais, contre cette opinion : « Toute intelligence désire naturellement la vision de l'essence divine. Or un désir naturel ne peut être vain. Donc toute intelligence créée peut atteindre la vision de Dieu, malgré l'infériorité de sa nature » (saint Thomas, *Somme contre les Gentils*, III, 57).

Que « toute intelligence désire naturellement la vision de l'essence divine », les jansénistes l'accordent bien volontiers ; inutile, donc, de revenir ici sur ce point.

Qu'« un désir naturel ne peut être vain » — proposition que Jansen et ses disciples nient — cela se tire de la thèse d'Aristote selon laquelle « la nature ne fait rien en vain » (*Traité de l'âme*, III, 12), puisque Dieu, qui en est l'Auteur, est infiniment intelligent, infiniment juste, et infiniment bon ; et si dans la nature il y a des choses qui nous semblent vaines, ce n'est pas parce qu'elles le sont, mais parce que la faiblesse de notre esprit nous empêche de saisir leur raison suffisante ; « Rien sur la terre n'arrive sans raison » (Jb, 5, 6).

Et la conclusion est évidente : si le désir de voir Dieu dans Son essence est naturel et qu'un désir naturel ne peut être vain, alors le désir de voir Dieu dans Son essence ne peut être vain. En d'autres termes, « toute intelligence créée peut atteindre la vision de Dieu, malgré l'infériorité de sa nature ».

Et en affirmant que le désir naturel de voir Dieu dans Son essence ne peut être vain, nous ne voulons évidemment pas dire qu'il est nécessaire que ce désir soit satisfait, mais seulement qu'il est impossible qu'il ne puisse pas être satisfait par quelque moyen (naturel ou surnaturel). En d'autres termes, l'homme n'accède pas nécessairement à la vision de l'essence divine (contre la théorie hérétique du Salut universel), mais a toujours la possibilité, le moyen, d'y parvenir.

Nous rejetons donc la réponse janséniste, puisqu'elle s'oppose directement à la bonté intrinsèque de l'ordre naturel. Et la proposition 4 doit être tenue pour vraie.

Mais l'on notera que seule la résolution du problème du désir naturel de voir Dieu nous permettra de balayer à jamais la tentation janséniste (qui, rappelons-le, a secoué l'Église pendant près de trois siècles, et qui, sous bien des aspects, est encore présente de nos jours dans certains milieux dits « traditionalistes »,

notamment sous cette attitude que l'on nomme « surnaturalisme ») ; car certains pourront toujours nous rétorquer que la
nature est vaine, si, *de facto*, il existe en l'homme un vrai désir
naturel de Dieu, que pourtant il ne peut combler par sa nature
(la grâce étant gratuite, et donc, en soi, non intrinsèque à elle).

Laberthonnière et Blondel

D'après Laberthonnière (1860 – 1932), l'élévation surnaturelle de l'homme, c'est-à-dire son élévation à l'ordre de la grâce,
ne serait que la continuation — pour ainsi dire naturelle, et donc
nécessaire — de sa création (cf. *Essais de philosophie religieuse*,
1903). La solution proposée par lui au problème du désir naturel
de Dieu est donc, en substance, que l'action de la grâce et celle
de la nature sont connaturelles, et même consubstantielles,
qu'elles ne forment qu'une seule et même action.

Mais cette thèse a été condamnée par saint Pie X. Voici ce
qu'il déclare à propos de la manière dont les théologiens modernistes comprennent l'immanence : « Les uns l'entendent en ce
sens que Dieu est plus présent à l'homme que l'homme n'est
présent à lui-même, ce qui, sainement compris, est irrépro-
chable. Mais d'autres veulent que l'action de Dieu ne fasse
qu'un avec l'action de la nature, la cause première pénétrant la
cause seconde, ce qui est en réalité la ruine de l'ordre surnaturel » (*Pascendi*).

En effet, si l'action de la grâce et celle de la nature ne font
qu'une, alors la grâce n'est plus réellement distincte de la nature
(négation de la proposition 7), la « surnature » n'est qu'un mot
pour désigner quelque chose de la nature ; la gratuité de l'élévation de l'homme à l'ordre de la grâce n'est autre que la gratuité
de la création de l'homme ; la foi n'est autre que la prise de conscience du besoin naturel du divin, ou sentiment religieux ; et les
religions étant toutes fondées sur ce sentiment religieux, elles
sont toutes plus ou moins bonnes.

Le problème est que, entre le fini et l'infini, il n'existe pas
simplement une distinction de raison mais une différence réelle ;

de sorte que la surnature, qui relève de l'infini, est infiniment autre et infiniment supérieure à la nature, qui relève du fini.

Par conséquent, on ne peut accepter la solution moderniste, qui conduit *in fine* à la naturalisation du surnaturel. Et la proposition 7 doit être tenue pour vraie.

Quant à Blondel (1861 – 1949) — dont la tendance moderniste est d'après nous indéniable —, il considère que le surnaturel est une exigence de la nature humaine, cette dernière étant faite par nature pour se dépasser dans l'action ; une « exigence du surnaturel » que la raison ignore, mais « qui gît au fond de la volonté voulante » (cf. *L'Action. Essai d'une critique de la vie et d'une science de la pratique*, 1893, p. VIII).

Et, là encore, il est impossible d'approuver cette solution, qui s'oppose frontalement à la gratuité de la grâce : « Nous ne pouvons Nous empêcher de déplorer, une fois encore et très vivement, qu'il se rencontre des catholiques qui, répudiant l'immanence comme doctrine, l'emploient néanmoins comme méthode d'apologétique ; qui le font, disons-Nous, avec si peu de retenue qu'ils paraissent admettre dans la nature humaine, au regard de l'ordre surnaturel, non pas seulement une capacité et une convenance — choses que, de tout temps, les apologistes catholiques ont eu soin de mettre en relief — mais une *vraie et rigoureuse exigence* » (saint Pie X, *op. cit.*).

Garrigou-Lagrange

Nombreux étaient les néo-thomistes qui, dans la seconde moitié du XXᵉ siècle, croyaient encore et toujours devoir nier le lien organique entre nature et surnature, afin de lutter contre le modernisme renaissant. Les uns, dans la ligne de Cajetan, prétendaient que le désir thomasien de voir Dieu était celui d'une « nature historique » et non celui d'une « nature essentielle » ; d'autres théologiens, enfermés dans leur extrinsécisme, niaient que saint Thomas ait voulu parler d'un désir véritable, en attente de son actuation ; d'autres, enfin, à la suite de Suarez, disaient que l'Aquinate parlait d'un désir naturel et donc d'une contemplation naturelle de Dieu dans Ses effets.

C'est donc très justement que Lubac fit remarquer à son époque : « De nos jours encore, les uns nient la naturalité ou plutôt l'essentialité du désir ; les seconds, sa réalité ontologique et par conséquent sa portée ; les troisièmes, la surnaturalité (ou transcendance) de son objet » (*Surnaturel. Études historiques*, 1946).

Garrigou-Lagrange (1877 – 1964) est pour ainsi dire, dans cette seconde moitié du XXᵉ siècle, le chef de file du courant extrinséciste, comme aime à l'appeler Lubac. Pour s'opposer au néo-modernisme, il prétend que le désir naturel de Dieu n'est qu'une *velléité* (semblable au désir naturel d'immortalité), et non un désir *authentique* en attente de son actuation (négation de la proposition 2) ; un désir qui, par-là, serait uniquement principe de la « non-répugnance » de la nature spirituelle à l'égard de la grâce.

La difficulté de la réponse de Garrigou-Lagrange, de ce « désir-velléité », est que l'objet d'une velléité est tel que la volonté peut y renoncer, après que la raison lui a signifié que son objet relevait de l'impossible ; or, si la volonté peut choisir de renoncer aux biens finis, elle ne peut refuser le Bien infini, qui est celui pour lequel elle est faite et qui s'impose donc à elle (même les démons et les âmes déchues aiment la Déité, mais ils refusent de la chercher en Dieu) ; par conséquent, soit Dieu n'est pas le Bien infini (ce qui est évidemment faux), soit il n'y a pas seulement une velléité mais, bel et bien, un *authentique* désir de Dieu.

La proposition 2 doit être tenue pour vraie.

Lubac

Voici très brièvement résumée la thèse défendue par Henri de Lubac (1896 – 1991) dans *Surnaturel. Études historiques* (1946) :

Comme l'enseigne l'Aquinate, il existe en l'homme un authentique désir naturel de voir Dieu : « *Omnis intellectus naturaliter desiderat divinae essentiae visionem* » (saint Thomas, *Somme contre les Gentils*, III, 57, 4). Or, la vision béatifique est concrètement la seule vision de l'essence divine. Donc, il existe en l'homme un authentique désir naturel de la vision béatifique, un « désir naturel du surnaturel » (*Surnaturel*, partie IV, note A). Or, un désir ne pouvant être vain, l'homme a nécessairement le moyen de satisfaire ce désir. Mais la grâce est l'unique moyen d'accéder à la vision béatifique. Donc, en conclut Lubac, il semble que l'homme ne peut pas ne pas être élevé à l'ordre de la grâce, en d'autres termes que Dieu, dans la libéralité de Son amour infini, ne peut pas ne pas donner — gratuitement — Sa grâce aux hommes ; la nature humaine considérée en soi (donc même non corrompue) ne peut se passer de la grâce ; il est absurde de parler d'un état de « pure nature ».

Et les conséquences de cette thèse sont les suivantes : si l'homme est par nature déiforme, alors tous les hommes sont réellement dignes du seul fait d'être homme, c'est-à-dire que l'homme ne naît pas seulement digne en puissance mais digne en acte ; d'où la prédominance de la « dignité humaine » dans la théologie néo-moderniste ; et, pour la même raison, on doit affirmer qu'il existe en l'homme (tout comme en Dieu) des droits fondamentaux, « universels, inaliénables et inviolables » (Jean XXIII, *Pacem in Terris*), dont le droit à la « liberté de conscience », et, *in fine*, celui à la « liberté religieuse » (Vatican II, *Dignitatis humanae*).

Par ailleurs, si la grâce est déjà présente, d'une certaine façon, en tout homme par le seul fait d'être homme, c'est que l'Esprit est dans toute religion et la suscite de l'intérieur, et c'est donc que toutes les religions sont — plus ou moins — surnaturelles ; alors se justifie le « dialogue interreligieux » (*Nostra Ætate*) déjà prôné par le modernisme.

Mais, contre la thèse lubacienne en particulier et le néo-modernisme en général : « D'autres corrompent la véritable gratuité de l'ordre surnaturel, puisqu'ils tiennent que Dieu ne peut pas créer des êtres doués d'intelligence sans les ordonner et les appeler à la vision béatifique » (Pie XII, *Humani generis*).

En effet, dire que l'homme ne peut pas ne pas être élevé à l'ordre de la grâce, c'est dire que la grâce est requise par la nature humaine en tant que nature (même non corrompue). Or, dire qu'une chose est nécessaire à une nature, c'est, implicitement, dire qu'elle est due à cette nature, puisque ce qui est nécessaire à une nature n'est pas donné à cette nature par libéralité, ne lui est pas non plus dû en convenance, mais lui est dû en justice. Donc, dire que l'homme ne peut pas ne pas être élevé à l'ordre de la grâce, c'est, en fin de compte, corrompre l'absolue gratuité de la grâce.

Lubac, il est vrai, explique que la personne humaine ne désire pas Dieu comme un animal désire sa proie, mais comme un don gratuit. Il existe un appétit du surnaturel, mais cet appétit n'exige pas son objet, ou plutôt il exige que son objet ne soit pas exigible, qu'il soit donné gratuitement. Ainsi, Lubac insiste sur la prétention à l'orthodoxie de sa position : nous désirons Dieu (entendu comme Être personnel) naturellement, selon lui, mais un Dieu qui se donne et qui veut se donner, non un Dieu dont nous nous emparerions.

Mais c'est là, d'après nous, une réponse purement verbale : car désirer naturellement et, par-là, exiger qu'un être *se donne gratuitement*, c'est bel et bien exiger qu'il *se donne*, et c'est donc ne pas le laisser se donner *librement et gratuitement*.

Lubac se justifie par ailleurs en citant le canon 5 du « *De fide catholica* » du Concile Vatican I : « Dieu a créé l'homme pour Lui-même et l'a fait pour Sa Gloire » — ce qui ne signifie rien d'autre, dans la perspective de ce théologien, que ceci : la Gloire de Dieu étant notre béatitude, notre nature ne saurait nous être donnée sans la grâce. Or Lubac, dans la lignée de Duns Scot, pense que Dieu, en créant un étant, crée en même temps l'essence de cet étant, son « haeccéité ». C'est pourquoi il confond l'homme essentiel et l'homme historique, comprend donc l'homme comme étant de droit appelé à la vision béatifique (alors qu'il ne l'est que par de fait), et se voit dans l'impossibilité de concevoir un état de pure nature.

Mais Dieu, s'il est bien le Créateur des étants, ne « crée » pas, à proprement parler, les essences de ces étants. Car si c'était le cas, il y aurait en Lui mutation (les essences étant des Idées de Son Entendement), ce qui est absurde (puisqu'il est Acte pur) ; les essences sont en réalité coéternelles à Dieu, incréés, et ne relèvent donc pas de choix gratuits de Sa part. Ainsi, dire que l'homme est *par nature* appelé à la vision béatifique, c'est bien corrompre la gratuité de la grâce.

Mais le problème le plus grave est, d'après nous, le suivant : affirmer que la nature humaine considérée en soi (donc même non corrompue) ne peut se passer de la grâce, c'est dire qu'elle est en quelque sorte connaturelle à la nature divine, la grâce n'étant autre chose que la vie ou nature de Dieu, en tant qu'elle est communiquée à la créature ; et c'est donc amoindrir, voire nier, la réelle différence *de nature* qui existe entre nature et sur-nature (négation de la proposition 8), confondre ces dernières, et ainsi en venir à toutes les erreurs doctrinales qui résultent logiquement de cette confusion entre le naturel et le surnaturel ; erreurs que l'on connaît aujourd'hui dans l'Église.

Lubac l'avouera lui-même : pour lui, grâce et nature relève-raient en réalité du même ordre : « il n'y a qu'un ordre, l'ordre divin » (*Petite catéchèse sur la nature et la grâce*, 1980).

Et c'est là toute son erreur ; car, entre l'être du fini et l'être de l'infini, il n'existe pas simplement une différence de degré (contre Duns Scot), mais une différence *d'ordre* ; de sorte qu'il existe bien un ordre naturel (divin, si l'on veut, mais par ana-logie d'attribution), et un autre ordre, surnaturel.

Alors qu'au début du XXe siècle les modernistes naturali-saient la surnature jusqu'à la réduire à néant, les néo-moder-nistes (et il en existe encore aujourd'hui), au contraire, et de manière beaucoup plus fine, divinisèrent, surnaturalisèrent la nature (humaine) ; ce n'est plus Dieu qui est confondu avec la Nature, mais l'homme qui s'identifie quasiment à Dieu (« La religion du Dieu qui s'est fait homme s'est rencontrée avec la religion (car c'en est une) de l'homme qui se fait Dieu. Qu'est-il arrivé ? Un choc, une lutte, un anathème ? Cela pouvait arriver ; mais cela n'a pas eu lieu. [...] Nous aussi, Nous plus que tout autre, Nous avons le culte de l'homme », Paul VI, Discours de clôture du Concile Vatican II).

Quant à nous, nous devons affirmer que l'homme aurait pu ne pas être élevé à l'ordre de la grâce, qu'un « état de pure nature » eût été possible sans injustice de la part du Créateur. On ne peut dire — sans ambiguïté — que la nature humaine appelle de soi la grâce.

La solution de Lubac, quoiqu'elle paraisse très attrayante sous bien des aspects, ne saurait être retenue. Et la proposition 8 doit être tenue pour vraie.

Il nous faut donc en conclure qu'aucune réponse apportée jusque-là par les théologiens n'est satisfaisante.

---

(1) Dans la religion catholique, la doctrine des limbes (du latin *limbus*, « marge, frange ») désigne un état de l'au-delà situé aux marges des enfers, où iraient les âmes des personnes mortes avec le seul péché originel.

Saint Thomas d'Aquin, dans le *De Malo*, q. V, a. 3, semble bien adhérer à cette doctrine ; il explique en effet que « les âmes des enfants (comprendre : des enfants morts sans baptême), si elles ne sont pas privées de cette connaissance naturelle qui est due à l'âme séparée selon sa nature, sont en revanche privées de la connaissance surnaturelle que la foi enracine en nous ici-bas, du fait que, en cette vie, elles n'ont pas eu la foi en acte, ni reçu le sacrement de la foi » ; mais il précise : « Comme le dit l'Apôtre dans l'Épître aux Romains, 5, 15, le Don du Christ est plus grand que le péché d'Adam, de sorte que, si les enfants baptisés se réjouissent en raison des mérites du Christ, les enfants non baptisés ne souffrent pas à cause du péché d'Adam » et sont dans la « joie ».

Ainsi, d'après saint Thomas, les âmes des enfants morts sans baptême ne souffriraient pas, et jouiraient même d'un bonheur naturel (la fameuse « connaissance naturelle qui est due à l'âme séparée selon sa nature »).

(2) Ce que les théologiens appellent « état de pure nature » est l'état hypothétique dans lequel l'homme n'aurait pas été élevé à l'ordre de la grâce et n'aurait en outre pas péché.

(3) Il y a mérite de congruité lorsqu'il n'y a pas une juste proportion entre l'action et la récompense : en sorte que celui qui récompense supplée par sa bonté ou par sa libéralité à ce qui manque à l'action ; tel est le mérite d'un fils par rapport à son père, mais ce mérite n'est appelé mérite qu'improprement.

Il y a mérite de condignité quand il y a une juste proportion et une égalité stricte entre l'action et la récompense, comme entre le travail d'un ouvrier et son salaire.

IV. Du rapport entre nature et grâce (suite et fin) : démarche analytique

Comme nous avons pu le voir, aucun théologien autorisé n'a jusqu'à présent apporté de solution satisfaisante au problème du désir naturel de Dieu.

Pour autant, est-il outrageusement ambitieux de proposer une réponse ?

Nécessité d'admettre une vision naturelle de l'essence divine pour résoudre le problème du désir naturel de voir Dieu

Il ne nous reste, logiquement, qu'une solution possible à notre problème : c'est qu'il existe — aussi incroyable que cela puisse paraître — une *vision naturelle de l'essence divine* (remise en question — nécessaire, puisque les neuf autres propositions sont incontestables — de la proposition 5).

En effet : « il est impossible qu'un désir naturel soit vain ; or, si l'on ne pouvait atteindre la vision de la divine essence que tous les esprits désirent par nature, il le serait ; en conséquence, il est nécessaire d'affirmer la possibilité, et pour les substances séparées et pour nos âmes, de voir l'essence divine » (saint Thomas, *Somme contre les Gentils*, III, 51) ; en d'autres termes : « Toute intelligence désire naturellement la vision de l'essence divine. Or un désir naturel ne peut être vain. Donc toute intelligence créée peut atteindre la vision de Dieu, malgré l'infériorité de sa nature » (*ibid.*, III, 57).

En toute logique, la conclusion du premier raisonnement devrait être qu'il est nécessaire d'affirmer la possibilité, et pour les substances séparées et pour nos âmes, de voir *naturellement* l'essence divine, puisqu'il est question dans la majeure de « désir *naturel* », et dans la mineure d'une vision de l'essence divine que les esprits « désirent *par nature* ».

Idem pour le second raisonnement : sa conclusion logique doit être, si l'on est honnête et parfaitement rigoureux, que

« toute intelligence créée peut atteindre *naturellement* la vision de Dieu ».

De plus, si saint Thomas ajoute en son ultime conclusion ces quelques mots, à savoir « malgré l'infériorité de sa nature », c'est que cette vision de l'essence divine à laquelle la substance spirituelle peut parvenir est atteignable par sa seule nature — malgré son infériorité.

Enfin, s'il est vrai qu'il existe en l'homme un authentique désir naturel de voir Dieu, et que la grâce est un don absolument gratuit, il ne peut pas ne pas exister — en droit, sinon de fait — une vision naturelle de l'essence divine.

Nécessité de l'existence d'un point de suture entre nature et grâce pour qu'une vision naturelle de l'essence divine soit possible

Le Père Descoqs (1877 – 1946) est l'un des seuls théologiens (pour ne pas dire le seul) à avoir réellement émis l'hypothèse d'une vision naturelle de l'essence divine. « Est-il absurde de concevoir une vision réelle de Dieu, auteur de la nature, qui ne le révélerait pas selon ses perfections intimes de l'ordre surnaturel, mais qui, tout en demeurant d'une certaine manière proportionnée à notre nature, serait cependant intuitive, et dépasserait la voie des concepts abstraits ou des espèces infuses ? » (*Le Mystère de notre élévation surnaturelle*, 1938).

Mais le Père Descoqs, pour notre plus grand regret, n'explique pas comment une telle vision pourrait être possible. En fait, il semble bien qu'il ait oublié ceci : l'essence divine est de soi sur-naturelle, c'est-à-dire au-delà de toute nature créée, de sorte qu'elle est *a priori* inaccessible aux créatures, fussent-elles des esprits…

À moins que nature et surnature — c'est la seule solution possible — ne « se rencontrent » en un point.

Il est donc nécessaire d'affirmer l'existence d'un « point de suture » entre nature et surnature, entre nature et grâce.

Et c'est la découverte de ce point de suture qui va nous permettre de comprendre en quoi consiste la vision naturelle de Dieu.

Résolution du problème du point de suture entre nature et grâce, à partir de la notion de réflexion ontologique déjà évoquée

Le *terminus ad quem* (limite supérieure) de la nature doit coïncider avec le *terminus a quo* (limite inférieure) de la vie surnaturelle, dans un nœud cordial ou point de suture, dont le statut ontologique demeure problématique.

Ce terme médiateur doit être à la fois un principe de continuité et un principe de césure : principe de continuité pour que l'intromission de la grâce dans la nature ne soit pas contre nature ; principe de césure pour que la grâce demeure distincte de la nature, par-là gratuite, et pour que, dans la mesure où la surnature est la nature de Dieu, la transcendance de Dieu ne soit pas niée.

Doit être déterminé un point de suture qui ne soit ni naturel (pour relever de l'ordre surnaturel en son *terminus a quo*) ni surnaturel (pour relever de l'ordre naturel en son *terminus ad quem*), tout en appartenant aux deux sphères afin d'assurer sa fonction médiatrice.

Puisque ce terme médiateur doit consister en la négation concomitante des deux domaines, tout en relevant de chacun d'eux, il faut et il suffit que chacun soit tel que sa propre négation lui soit intérieure, constitutive, ainsi que les deux sphères aient chacune la forme d'une négation de négation, d'une réflexion ontologique.

En tant que négation d'un domaine, un tel terme appartient à l'autre, et la césure est respectée ; en tant que négation des deux domaines, il appartient à chacun d'eux, et la continuité est respectée.

Or, le fini n'est habilité à subir une infinitisation, qui le rend déiforme, que si l'infini est capable de se finitiser sans cesser d'être infini ; et puisque le plus assume le moins, Dieu, absolument parfait, assume absolument tous les degrés de perfection (1) jusqu'au néant ou degré nul de perfection, qui, comme négation qui se renie, est reconduction à l'origine. Quant à la créature, réalisation contingente, par libre décision divine, d'un degré d'être fini perpétuellement assumé par l'infini actuel, elle contracte aussi, en tant que participant à l'Être, la forme d'une réflexion ontologique dont le moment négatif est également le néant.

Donc le point de suture entre nature et grâce est le néant, négation des deux domaines, également assumée par eux.

Et l'on notera que le néant à partir duquel les choses sont créées et ce néant en quoi consiste le degré nul de perfection qu'assume l'Infini actuel de perfection sont le même néant : il ne saurait y avoir dualité de néants, car toute dualité suppose différence, par-là détermination différentielle, et que le néant est l'indéterminé pur : c'est donc en lui que communient naturellement l'abaliété et l'Aséité, le créé et l'Incréé, qui, n'ayant en commun que le rien, n'ont formellement rien de commun.

Possibilité d'une vision naturelle de l'essence divine

Maintenant, essayons de comprendre en quoi peut bien consister la vision naturelle de l'essence divine.

La causalité en général signifie l'acte du moteur, en tant qu'il est immanent au mobile ; or l'acte du moteur — par lequel ce dernier communique son être ou son agir à un autre que lui, par-là se communique à l'autre — est différenciation de soi du moteur ; donc la causalité signifie la différenciation de soi ou négation du moteur, en tant qu'elle est immanente au mobile ; mais si le moteur peut se différencier de soi, c'est-à-dire se nier, sans changer, c'est que cette négation de lui-même est assumée dans son identité, car alors cette négation, en tant qu'assumée par son identité, ne change rien à celle-ci (et nous avons là une nouvelle preuve de la réflexion ontologique).

Ainsi, la causalité, comme immanence de l'acte du moteur au mobile, consiste en dernier ressort dans l'immanence au mobile de la négation d'un moteur déjà victorieux de cette négation : si l'identité de l'être en tant qu'être consiste dans l'assimilation de sa négation, en se dépossédant de soi pour se rendre immanent au mobile, le moteur ne fait que se déposséder de sa négation, par-là demeure inchangé, immobile, cependant que, comme constitutive de son identité, une telle immanence au mobile de la négation du moteur est réellement, dans le mobile, la présence de l'acte du moteur.

Et dans la mesure où l'acte créateur — qui est l'acte du Créateur, ainsi le Créateur Lui-même (2) — est aussi l'acte d'être créé d'une créature, la Créature et sa création seraient consubstantielles si cette différence n'était de toute éternité assumée, indépendamment de la décision de créer, par le Créateur — car alors, en tant qu'assumée, comme intrinsèque à son identité, elle est telle que, en Se différentiant de Lui-même pour Se rendre immanent à Ses effets, le Créateur demeure cependant distinct d'eux (ainsi, la réflexion ontologique rend raison à la fois de la transcendance absolue du Créateur, et de Sa transcendante immanence aux créatures).

Comme l'explique Stepinac dans *Du problème du rapport entre nature et grâce*, il résulte logiquement de tout cela que, **si l'homme avait été créé en état de pure nature, et n'avait en outre pas péché, il eût connu une béatitude naturelle consistant à se saisir, dans l'acte naturel de mourir (3) qui rend l'esprit transparent à lui-même, de sa racine intérieure ou principe intrinsèque, c'est-à-dire du néant dont l'esprit procède et qui lui est immanent, néant qui est négation ou différenciation de soi du Créateur et par-là identique à Son acte de créer, ainsi de l'acte créateur à lui immanent, lequel, en tant qu'acte du Créateur, est le mode de présence, en l'esprit, du Créateur Lui-même.**

Et cette béatitude naturelle est très certainement celle qu'ont connue les substances séparées avant que Dieu ne leur donne accès à Lui, celle des Justes de l'Ancien Testament, et celle des enfants morts sans baptême.

On remarquera, dans ces conditions, que la béatitude naturelle et la béatitude surnaturelle ont le même objet matériel (Dieu), même si elles n'ont pas le même objet formel (celui de la première est Dieu saisi par notre seule nature, celui de la seconde est Dieu connu comme Il Se connaît Lui-même, ce qui est une connaissance infiniment supérieure et donc infiniment plus béatifiante).

Conclusion générale, ou résolution du problème du désir naturel de voir Dieu

Malgré la transcendance et l'incompréhensibilité (comprendre étant embrassé du regard) de Dieu, Celui-ci peut être saisi naturellement en Lui-même, dans ce néant qui est Sa négation, mais une négation telle qu'elle est constitutive de Son identité positive : parce que c'est un néant qui est, et qui est plus qu'un simple être de raison, alors, en atteignant par réflexion ce néant dont elle procède, et ainsi cet acte créateur qui lui est intrinsèque, la créature atteint quand même naturellement quelque chose de Dieu, quelque chose qui n'est autre que Dieu Lui-même, dans le moment de Son éternelle Kénose, c'est-à-dire de Son éternelle dépossession de Soi, de Son éternel anéantissement ; quelque chose qui s'apparente bel et bien au Christ, « Fils de Dieu » (Jn, 10, 36) ; « Moment négatif » de la réflexion ontologique divine, selon l'expression hégélienne ; « Alpha et Oméga » du Cosmos (Ap, 22, 13) ; par-là Principe et Fin ultime *naturelle* de tout être en général — vérité captive du teilhardisme — et de la créature spirituelle en particulier, qui, elle, en est consciente.

Le désir naturel de voir Dieu n'est donc certes pas un « désir naturel du surnaturel » (Lubac, *Surnaturel*), mais il est tout de même un désir, en l'homme, de quelque chose qui transcende sa nature, qui lui est *sur-naturel* — sans pour autant relever du *surnaturel* —, qui est comme à la frontière avec la Surnature, et qui, par-là, rend l'homme ouvert à cette même Surnature, et le prédispose, l'ordonne même, à la recevoir.

Avec cette solution, nous pouvons rendre raison à la fois de la perfection de la nature humaine prise en soi, de l'absolue gratuité du Don de Dieu, de la réelle différence qu'il y a entre l'ordre de la nature et celui de la grâce ; et parallèlement de la conformité (analogie de forme) de ces deux ordres, du lien organique qui les unit, et même de leur « hymen » ou union intime — tout spécialement en l'homme.

Les « traditionalistes » et autres familiers du psittacisme thomiste taxeront la position ici défendue très certainement d'hégélianisme et de crypto-modernisme. Les néo-modernistes quant à eux, l'accuseront de néo-thomisme rationaliste et d'extrinsécisme pratique. Les deux, enfin, blâmeront notre « intellectualisme ».

Nous rejetons bien évidemment ces accusations, mis à part peut-être la dernière ; car, oui, nous croyons, à la suite d'Aristote, que l'Intelligence est bien en l'homme ce qu'il y a de plus « divin » ; que la perte de la science infuse n'est pas une conséquence *per se* mais *per accidens* du péché originel, et par-là que cette Intelligence possède dans notre état actuel tous les pouvoirs métaphysiques qu'elle aurait possédés dans un état de pure nature ; ainsi, que notre Intelligence, en tant qu'intelligence, ne peut être séduite, à proprement parler, que par la Vérité.

Quant à la position théologique ici proposée, elle se veut un juste milieu entre traditionalisme et néo-modernisme ; un juste milieu non pas au sens d'une « synthèse » plus ou moins artificielle qui se bornerait à une « herméneutique de la réforme dans la continuité », mais au sens d'un sommet entre deux erreurs contraires, assumant les vérités captives des deux.

Voilà donc la réponse au problème du désir naturel de Dieu qui nous semble la plus convenable, et que nous soumettons, dès à présent, au jugement des censeurs autorisés.

(1) Comme l'explique Hegel, si Dieu, qui est absolument parfait, n'assumait pas tous les degrés de perfections, alors il n'aurait pas toutes les

perfections, par-là il ne serait pas absolument parfait, ce qui est absurde (en d'autres termes : si l'identité n'est pas identité de l'identité et de la différence, alors la différence lui est extrinsèque, par-là l'identité est différente de la différence, et ainsi elle est différence, elle n'est pas identité, ce qui est illogique).

(2) En Dieu, qui est l'Un — selon l'expression de Plotin —, il n'y a pas de différence entre acte premier et acte second, entre être et agir.

(3) La mort, ou séparation de l'esprit humain et du corps, est un phénomène naturel quant à sa cause et quant à sa raison suffisante. Quant à sa cause, car c'est à cause de la corruption du corps qu'elle survient, et que la corruption de la matière est naturelle. Quant à sa raison suffisante, car il faut que l'esprit soit négation de négation de lui-même pour s'accomplir ; en d'autres termes, il faut que l'esprit humain, pour être pleinement esprit, soit victorieux du corps qu'il assume. Ainsi, la mort, c'est-à-dire l'acte à raison duquel l'esprit humain nie sa négation, se rend victorieux du corps assumé, est bel et bien naturelle ; et ainsi l'état *post-mortem* est l'entéléchie de l'homme (« plus la forme se rend victorieuse de la matière, plus l'unité de la matière et de la forme est parfaite », saint Thomas, *Somme contre les Gentils*, II, 68).

C'est la suppression du don préternaturel d'immortalité, et non la mort en soi, qui est une conséquence du péché originel ; et encore ne s'agit-il que d'une conséquence *per accidens*.

Pour rappel : la seule conséquence *per se* du péché originel est la perte de l'intégrité, et donc la malice.

La perte des dons préternaturels de science infuse, d'impassibilité et d'immortalité, eux, n'en sont que des conséquences *per accidens* ; car la nécessité d'apprendre et de raisonner pour accéder à la vérité, ainsi que la souffrance et la mort, sont des choses naturelles à l'homme ; et la preuve en est que Notre Seigneur les a Lui-même connues.

B. MORALE ET POLITIQUE

I. De la conséquence politique du rapport entre nature et grâce

Il existe au moins une erreur de taille commune aux modernistes et aux surnaturalistes (en réalité, il en existe plus d'une [1]). On pourrait la formuler comme suit : l'homme n'aurait, d'après eux, pas de fin proprement naturelle. Pour s'en rendre compte, il n'est qu'à considérer leur commune aversion (personnaliste pour les uns, moraliste pour les autres) à l'égard de la Cité antique (jugée trop « totalitaire »), des vertus martiales et du meilleur de la civilisation païenne, ainsi qu'à l'égard du fascisme en général — qu'il s'agisse du fascisme italien, du rexisme belge, ou même du phalangisme espagnol, pourtant peu suspect d'antichristianisme.

Position surnaturaliste

Le surnaturalisme a pour origine, nous semble-t-il, la doctrine du néo-thomiste Cajetan. Selon cette doctrine, l'homme, dans un état de pure nature, n'eût aucunement visé Dieu (négation du désir naturel de voir l'essence divine), et eût été exhaustivement ravi par le plus grand bien immanent, à savoir l'amitié politique dans la contemplation des choses naturelles. La nature humaine aurait donc été intrinsèquement changée, par l'actuation gracieuse de sa « puissance obédientielle » — puissance dont elle eût ignoré l'existence en état de pure nature. Ainsi, l'homme aurait théoriquement deux fins : une fin naturelle, et une fin surnaturelle surajoutée.

Mais, en pratique, la fin naturelle devrait être laissée en jachère au profit de la fin surnaturelle, ces deux fins étant foncièrement différentes (la première étant immanente et horizontale, et la seconde transcendante et verticale) et tendant donc, inévitablement, à rentrer en conflit d'une manière ou d'une autre. Ainsi, l'homme n'aurait plus, depuis son élévation à l'ordre de la grâce (donc : depuis son origine), de fin proprement naturelle. Et l'achèvement de l'ordre naturel, en ses aspirations politiques, ne serait plus à rechercher à tout prix, puisque finalement seule compterait cette partie surnaturalisée de la nature, qui trouvera sa fin ultime dans la vision béatifique et donc en dehors du politique.

Dans ces conditions, le pouvoir politique, omettant ses exigences d'organicité, devrait se limiter à la préservation de l'intérêt général ou ordre public (qui n'est autre, ici, que l'absence de conflit entre les intérêts particuliers des personnes, des familles et des divers corps intermédiaires), au minimum requis d'intendance économique, et à la répression des fraudes. On obtient alors cette « monarchie non étatique et décentralisée » si chère à un grand nombre de traditionalistes, avec un État « au service des familles et de la sphère privée religieuse des personnes », respectant avec scrupule le « principe de subsidiarité », et aisément compatible avec un système de « corporations indépendantes » en réalité plus libéral que corporatiste (tel qu'on en trouve à la fin de l'Ancien Régime).

Mais cette théorie de la « puissance obédientielle » de Cajetan n'est pas recevable ; car, d'une part, elle fait fi du *désir naturel de voir Dieu* ; et d'autre part, s'il existe une puissance obédientielle distincte de ses puissances naturelles d'appétition (volonté et cœur), alors l'actuation de cette dernière invite l'homme à s'arracher aux créatures pour s'attacher à Dieu, sans que les puissances naturelles, supposées vouées à l'immanence, ne cessent de faire valoir leur droit, au point que l'homme soit comme déchiré entre deux fins conflictuelles, et se voie — concrètement — dans l'obligation : soit de refuser la surnature au nom de la nature, soit de frustrer la nature au profit de la surnature ; et ce sont les définitions mêmes du naturalisme et du surnaturalisme (conséquences logiques, sinon chronologiques, de cette théorie) ; or, dans la mesure où une Révélation condescend à se donner aux hommes, alors, puisqu'il existe en eux un désir naturel de voir Dieu, il est contre nature de refuser la grâce qui, seule, fait accéder l'homme à la vision béatifique, et qui perfectionne cette même nature (« *gratia non tollit naturam sed perficit* », nous dit le Docteur Angélique : la grâce ne supprime pas la nature, mais la perfectionne) ; mais il est également contraire à la grâce de frustrer la nature, puisque la grâce suppose la nature, et qu'elle est même d'autant plus présente chez celui en qui la nature est assumée ; donc nous ne pouvons recevoir cette théorie de la « puissance obédientielle ».

Position néo-moderniste

Les néo-modernistes suivent — à quelques nuances près — l'enseignement du Père de Lubac. Selon ce dernier, l'homme n'aurait pas de fin proprement naturelle, parce que la nature humaine appellerait de soi la vision béatifique surnaturelle en vertu même de sa consistance ontologique. En effet, dans la mesure où il existe en l'homme un authentique désir naturel de voir Dieu et qu'un désir naturel ne peut être vain (saint Thomas), et où la vision béatifique serait la seule vision de l'essence divine, l'homme serait naturellement fait pour la vision béatifique, et pour elle seule.

Ainsi, la belle totalité de la Cité devrait laisser la place à la personne humaine qui — parce que naturellement élevée à l'ordre de la grâce, afin de pouvoir accéder à la vision béatifique — transcenderait de soi le Bien commun politique. On obtient alors une « démocratie chrétienne » — en réalité plus humaniste que chrétienne — avec un État « au service de la personne », tout aussi respectueux du « principe de subsidiarité » que les monarchies non étatiques et décentralisées évoquées ci-dessus.

Mais il est impossible que l'homme soit naturellement ordonné à une fin surnaturelle ; car, si c'était le cas, nature et surnature se confondraient, ce qui est absurde, et la grâce ne serait pas absolument gratuite, ce qui est contraire au dogme.

Position réaliste

Contre Cajetan, et avec saint Thomas, il existe, en l'homme, un authentique désir *naturel* de voir Dieu.

Mais contre Lubac, ce désir, parce qu'il est *naturel*, a pour objet une vision *naturelle* de l'essence divine, et donc autre que la vision béatifique : une vision de l'essence divine dans le néant qu'elle assume ; néant saisissable par l'esprit humain après la mort, et pourtant identique à l'essence divine dans le moment négatif de sa *réflexion ontologique.*

En effet, si l'homme avait été créé en état de pure nature et n'avait en outre pas commis le péché originel, il eût connu une béatitude naturelle consistant à se saisir, dans l'acte naturel de mourir qui rend l'esprit transparent à lui-même, de sa racine intérieure ou principe intrinsèque, c'est-à-dire du néant dont l'esprit procède et qui lui est immanent, ainsi de l'essence du Créateur dans le moment de sa négativité, laquelle est le mode de présence, en la créature, du Créateur Lui-même.

Pour résumer, nous pouvons dire que :

– Dans un hypothétique état de nature, l'homme eût été ordonné d'abord à une fin naturelle immanente (contre les modernistes) : le Bien commun politique. En effet, l'homme est par nature social et politique, de sorte qu'il appartient naturellement à une Cité ; or, la partie est pour le tout, et le bien de la partie pour le bien du tout ; donc « l'homme tout entier est ordonné à la communauté entière dont il fait partie » (saint Thomas, *Somme théologique*, II-II, 65, 1), et son plus grand bien naturel immanent est le Bien commun de la Cité ou amitié politique (2) (ce qui est logique si l'on se rappelle qu'un bien est d'autant plus diffusif qu'il est commun ; et un tel bien ne peut être que spirituel). Mais cette fin immanente eût été ordonnée à une fin naturelle transcendante (contre les surnaturalistes) : une vision naturelle de l'essence divine, c'est-à-dire une vision de l'essence divine dans sa négativité.

– Concrètement, Dieu ayant élevé l'homme à l'ordre de la grâce, la fin naturelle transcendante de l'homme a été en quelque sorte transfigurée : elle est devenue vision béatifique, c'est-à-dire vision surnaturelle de l'essence divine, vision de l'essence divine dans sa positivité ; et quant à sa fin naturelle immanente, le Bien commun de la Cité, elle n'a pas été supprimée mais a été au contraire surélevée, puisqu'elle est depuis lors ordonnée à l'obtention d'une fin surnaturelle dont elle est — selon le plan divin — condition *sine qua non* ; de sorte que l'intérêt pour la chose politique soit devenu d'autant plus nécessaire, et donc qu'un État fort, incitant les corps intermédiaires et chacun des membres du corps social, c'est-à-dire de la nation, à prendre part à la poursuite active du Bien commun — en d'autres termes un État à la fois mono-archiste (parce qu'autoritaire), corporatiste, nationaliste et organiciste, en somme un État fasciste (au sens universel du terme) —, soit devenu d'autant plus souhaitable ; en fait, loin de nous dissuader d'être fasciste, notre Sainte Religion, seule religion à reconnaître un ordre naturel et à l'estimer, nous incite implicitement à l'être.

La poursuite du Bien commun, un devoir de Charité

Ainsi, l'homme a pratiquement (c'est-à-dire : dans la pratique) une fin intermédiaire : le Bien commun politique, elle-même ordonnée à une fin ultime : la vision béatifique. Mais si le bien commun politique est une fin intermédiaire, il n'en conserve pas moins son statut de fin, c'est-à-dire qu'il demeure une chose vers laquelle on se doit de tendre. Donc, contre les surnaturalistes et les modernistes, l'homme a, concrètement et encore aujourd'hui, une fin proprement naturelle, à savoir le Bien commun politique — que le Docteur Angélique qualifie lui-même de « divin » (3).

Or, pour atteindre une fin, il est nécessaire d'en prendre tous les moyens.

Il en résulte que militer politiquement (de quelque manière que ce soit) n'est pas une détermination contingente, mais une nécessité, un devoir, pour tout homme, et *a fortiori* pour tout catholique.

En outre, puisque la fin naturelle de l'homme s'identifie objectivement, quoique non formellement, à sa fin surnaturelle, alors il faut dire que la nature nous ordonne en quelque sorte à la surnature, parce qu'elle en est la préfiguration.

Aussi devons-nous affirmer que l'ordre politique nous ordonne à l'ordre de la grâce — auquel Dieu a gratuitement élevé l'homme.

Que la société politique nous ordonne à cette société surnaturelle qu'est l'Église.

Que le Héros, qui se sacrifie jusqu'à mourir pour sa patrie, est comme la préfiguration du saint en général, et du martyre en particulier, qui se sacrifient jusqu'à mourir pour le Christ.

Enfin, que l'amitié politique, en laquelle consistent le Bien commun et la fin naturelle immanente de l'homme, nous ordonne à la Charité, c'est-à-dire à l'union à Dieu, union qui est — parce qu'Il l'a bien voulu — notre finalité ultime.

On voit ici l'harmonie qui existe entre nature et surnature, entre l'ordre politique et l'ordre de la grâce.

Une harmonie qu'il s'agit pour nous de conserver.

(1) Pour ne donner qu'un exemple supplémentaire : surnaturalistes et modernistes réduisent généralement le politique au social ; c'est pourquoi ils considèrent la fameuse « Doctrine sociale de l'Église » comme une doctrine politique (voire, comme la seule doctrine politique recevable).

(2) L'amitié politique, c'est, à l'échelle de la Cité, l'émulation mutuelle et bienveillante dans la recherche commune et la contemplation de la vérité — conditionnant le « degré » de vision de l'essence divine après la mort — passant par l'émulation dans la pratique de la vertu.
Nous allons bientôt avoir l'occasion d'approfondir cette notion.

(3) Saint Thomas d'Aquin, *Somme théologique*, II-II, 99, 1.

II. De la nature du Bien commun politique

L'homme, qui est par nature membre d'une communauté poli-
tique, est ordonné à elle comme la partie est ordonnée au tout ; de
sorte que, pour lui, prendre part à la vie de la Cité ne relève pas d'une
détermination contingente, mais bien de son devoir.

Mais, pour agir politiquement, il faut commencer par considérer
quelle est la raison d'être de la vie politique, sa finalité ou cause
finale. Or, la fin d'une chose est son bien (une chose tend naturelle-
*ment vers sa fin, et « *bonum est quod omnia appetunt* ») ; et, la fin*
d'une communauté, c'est la fin commune à tous les membres de cette
communauté. C'est pourquoi la cause finale de la communauté
politique est le Bien commun ; et c'est vers lui que notre raison, notre
volonté, et tout notre être doivent tendre comme vers leur finalité.

I. Préliminaires

L'homme, animal politique

Tout le monde le sait : Aristote définit l'homme comme
étant « par nature animal politique » (*Politiques*, I, 2). Mais cette
affirmation, loin d'être une espèce de postulat *a priori*, est la conclusion d'une observation attentive de la nature humaine.

La première spécificité de l'homme est le langage, entendu
comme moyen de communication impliquant une *réciprocité* ;
or, une telle aptitude naturelle ne peut se réaliser que dans le
rapport à l'autre. De surcroît, l'homme n'est pas aussi protégé
par la nature que les autres animaux (il n'a ni corne, ni griffe, ni
vélocité dans la fuite...) et naît incapable de subvenir à ses
propres besoins, demeurant tel jusqu'à un âge relativement
avancé ; c'est donc qu'il a besoin d'une première société
— qu'on appelle famille — pour subvenir à ses besoins. Aussi
l'homme est-il naturellement *social*.

Mais les besoins de l'homme sont loin de s'arrêter là. En effet, la famille a besoin de corps intermédiaires (qui lui proposent du travail d'une part, et des biens et services d'autre part) pour réussir à survivre ; et ces derniers, d'une société supérieure qui les organise : la société politique. De plus, l'homme étant un animal *rationnel*, il recherche non seulement à *vivre* mais aussi et surtout à *bien vivre* : l'homme en tant qu'homme ne peut s'accomplir que dans le cadre d'une société qui, dans un premier temps, contribue à son instruction et à son éducation, et dans un second temps, lui donne l'occasion de transmettre son savoir (le bien spirituel étant fait pour être communiqué) et de pratiquer la justice, en particulier la vertu de piété filiale (la fameuse *pietas* des Romains). Or une telle société ne peut être que la communauté politique ; communauté qui est logiquement celle de nos pères, et que l'on nomme en conséquence *patrie*.

Par conséquent, il est juste d'affirmer que « l'homme est par nature un animal politique », et, ainsi, qu'il lui est naturel d'appartenir à une Cité.

La Cité, un tout d'ordre

La Cité, ou société politique, est une pluralité de personnes réunies en une communauté nationale (cause matérielle), actualisée comme tout par un État (cause formelle), en raison de leur nature sociale et politique (cause efficiente première) et de leur identité nationale commune (cause efficiente seconde), en vue d'un Bien commun (cause finale). En tant que *communauté*, elle est bel et bien un *tout* ; en tant que communauté de *personnes*, elle n'est pas un tout substantiel (comme le serait un corps) mais un tout *moral* — tout qui n'en demeure pas moins réel — ; on parle encore de *tout d'ordre*, car c'est grâce à son ordre qu'elle subsiste en tant que tout (comme une armée par exemple). Or, la fin d'un tout d'ordre en tant que tout d'ordre, c'est son unité, c'est-à-dire l'unité de ses parties.

De là vient que la fin de la société politique qu'on appelle Bien commun, c'est l'unité de la Cité, ou amitié politique, puisque ses membres sont des personnes, et que l'unité de personnes, c'est précisément ce qu'on appelle l'amitié.

Principe de totalité, et conséquences en matière politique

Puisque l'individu appartient naturellement à une Cité (I.1), puisque la Cité est un tout réel (I.2), l'individu est essentiellement à la société politique ce que la partie est au tout. Or, d'après le principe de totalité, « toutes les parties sont ordonnées à la perfection du tout : le tout n'est pas pour les parties, mais les parties pour le tout » (saint Thomas d'Aquin, *Somme contre les Gentils*, III, 112) ; en effet la main est faite pour le corps et non l'inverse : c'est ainsi qu'elle le protège naturellement s'il est attaqué ; de même, l'abeille est au service de la ruche, à tel point qu'elle est prête à mourir pour cette dernière. Donc tous les citoyens sont ordonnés à la Cité ; la Cité n'est pas pour les citoyens, mais les citoyens pour la Cité ; car la Cité, en tant qu'elle est la réalisation de toutes les potentialités de la nature humaine, se fait rapporter les individus qui la composent à elle comme un tout organique.

Or, « le bien de la partie est pour le bien du tout » (saint Thomas, *Somme théologique*, II-I, 109, 3), puisque la partie est pour le tout. Partant, il est clair que tous les biens particuliers sont ordonnés au Bien commun.

Mais il est à noter qu'en s'ordonnant au Bien commun, l'individu ne nie pas son bien particulier puisque c'est précisément dans le Bien commun — entendu comme le meilleur bien de l'ensemble des membres de la communauté politique — qu'il trouve son bonheur, comme nous aurons bientôt l'occasion de le voir.

II. Nature du Bien commun politique

La philosophie du Bien commun, une troisième voie entre libéralisme et socialisme

Puisque l'homme est par nature ordonné à la société politique, participer à la vie de la Cité dont il est membre ne relève pas d'une détermination contingente, mais bien de son devoir.

Mais, pour agir politiquement, il faut commencer par considérer quelle est la raison d'être de la vie politique, sa finalité ou cause finale. Or, la fin d'une chose est son bien (une chose tend naturellement vers sa fin, et « *bonum est quod omnia appetunt* », le bien est ce que toutes les choses appètent) ; et, la fin d'une communauté, c'est la fin commune à tous les membres de cette communauté. C'est pourquoi la cause finale de la communauté politique est le Bien commun (on met généralement une majuscule à « bien », voire aux deux mots, afin de distinguer clairement le Bien commun de la Cité des autres biens communs — celui d'une famille, ou d'un corps intermédiaire, ou de toute autre communauté).

En tant que bien du *Tout*, ce Bien commun est distinct des biens particuliers de chacun des membres du corps social, et il leur est objectivement supérieur : le bien du Tout vaut mieux que le bien de chacune des parties. Mais, en tant que bien commun de *tous*, il est pour ainsi dire le meilleur bien de chacun des membres de la communauté, puisqu'un bien est d'autant plus grand qu'il est commun.

Or un tel bien ne peut être que spirituel (par opposition aux biens matériels) : plus on partage une somme d'argent, plus les parts qu'auront les bénéficiaires de ce partage seront petites ; au contraire, plus on partage un savoir, plus ce savoir grandira, y compris chez ceux qui le partagent. Telle est la perspective aristotélicienne : les hommes, enseigne Aristote, s'unissent entre eux non seulement pour *vivre* mais aussi et surtout pour *bien vivre*, c'est-à-dire pour vivre en conformité avec leur nature humaine, qui est nature spirituelle, ou rationnelle.

Ce Bien commun, il est vrai, est en partie réalisé lorsque la société parvient, grâce à l'effort de tous, à une situation économique qui apporte, pour chacun, un minimum d'aisance matérielle. Car le Bien commun suppose le bien de chacun, et c'est ce qui justifie — contre le communisme — l'existence de la propriété privée. Propriété qui n'est pas dans cette perspective un « droit individuel » — contre le libéralisme — mais une condition *sine qua non* de la réalisation du bien de la communauté.

Cependant, contre les deux formes de matérialisme que sont le communisme et le libéralisme, la vie matérielle des membres de la communauté politique n'est pas la finalité de cette dernière : une société n'atteint ce pour quoi elle est faite que lorsqu'y règnent la justice, l'ordre, et enfin l'amitié politique — raison d'être *ultime* de la société.

La justice et l'ordre, substrats matériels du Bien commun

Sans justice et sans ordre, il n'est point d'amitié, par-là de Bien commun.

La justice est, premièrement, la situation dans laquelle tous les membres de la communauté possèdent effectivement tous les biens matériels (propriétés) et immatériels (honneurs) qui leur sont dus, ceux auxquels ils ont droit, non par nature, mais par leur mérite. On parle de justice *distributive*. La justice est pour ainsi dire une valeur négative : elle se ramène, au fond, à ne pas causer de tort à autrui.

L'ordre, quant à lui, peut être sobrement défini comme l'absence de trouble ; c'est, lui aussi, une valeur négative. Il suppose d'une part l'absence d'esprit ou d'acte séditieux dans la Cité, et d'autre part l'absence d'agression étrangère. Ces deux aspects sont pris en charge par deux institutions fondamentales de la société : la police et l'armée. L'une et l'autre exercent, par définition, une certaine violence (qui peut aller jusqu'à l'élimination de l'ennemi) ; une violence qui est justifiée par la nécessité de maintenir l'ordre, condition *sine qua non* de l'amitié politique.

L'amitié politique, constitutif formel du Bien commun

L'amitié politique, qui est la seule valeur strictement positive parmi les trois constituantes du Bien commun, peut être définie comme une bienveillance réciproque entre l'ensemble des membres de la Cité, car « la bienveillance, quand elle se montre réciproque, se nomme amitié » (Aristote, *Éthique à Nicomaque*, VIII, 2). Un homme seul ne peut être heureux, car la solitude est contraire à la nature sociale et politique de l'homme ; il n'y a de bonheur que dans l'amitié, et de bonheur parfait que dans l'amitié parfaite, qui est l'amitié politique, parce que la seule qui actualise l'ensemble des puissances de la nature humaine (raison, volonté libre, cœur).

L'amitié, c'est d'abord une volonté : c'est vouloir le bien de l'autre, c'est-à-dire son bonheur réel. Mais cette volonté, pour être effective, doit se traduire par des actes. Elle peut consister à renoncer à son propre bien afin de pourvoir au bien — physique ou moral — de l'autre. Elle peut même aller jusqu'à donner sa vie pour l'autre (Notre Seigneur — en Jean, 15, 13 — nous enseigne d'ailleurs qu'il n'y a pas de plus grand amour que de donner sa vie pour ses amis : aussi l'amitié politique est-elle, pour ainsi dire, préfiguration de la Charité). Et c'est précisément le plus bel acte d'amitié politique qui soit, que de mourir pour ceux qu'on aime en raison d'une communauté de valeurs, que de mourir pour la nation dont on est membre, pour cette « unité de destin dans l'Universel » (José Antonio Primo de Rivera) dont on fait partie.

L'amitié, si l'on y réfléchit bien, est la raison d'être *ultime* de la société politique : c'est lorsque les membres de la société entretiennent entre eux des liens authentiques d'amitié, et seulement dans ce cas, que la société réalise pleinement ce pour quoi elle est faite. Aristote fait d'ailleurs remarquer que « l'amitié est la principale sollicitude des législateurs, tandis qu'ils cherchent tout particulièrement à bannir la discorde, ennemie de l'amitié » (*Éthique à Nicomaque*, VIII, 1).

L'amitié politique est donc le constitutif formel, la nature ou l'essence même du Bien commun de la Cité.

III. L'amitié politique

L'amitié politique, fruit de l'ordre et de la justice

S'il est vrai que l'amitié politique est la raison d'être ultime de la Cité, il ne peut y avoir d'amitié politique ou d'unité de la Cité sans ordre, car le désordre mène à la discorde ; pas plus qu'il ne peut y avoir d'ordre authentique sans justice, car l'injustice est cause de désordre.

Pas d'amitié sans ordre ; pas d'ordre sans justice. Donc pas d'amitié politique sans justice sociale. Vouloir le bien d'autrui commence par vouloir lui donner ce à quoi il a droit. Ce n'est qu'après que l'on pourra envisager de lui donner plus.

Mais l'amitié est pour ainsi dire un certain dépassement — on ne dépasse qu'en assumant — de la justice. La justice — extrinsèquement imposée à la multitude — n'est pas une fin en soi, car, si elle ne se dépasse pas elle-même, elle est comme inachevée ; mais elle est ordonnée à l'amitié politique, qui est le Bien commun de la Cité.

L'amitié politique comme négation de négation, ou contradiction surmontée

L'amitié politique est par nature quelque chose de contradictoire. D'un côté, elle est la finalité de la communauté politique : si les citoyens ne réalisent pas spontanément entre eux des actes d'amitié, l'État a le devoir de les y contraindre. Mais, d'un autre côté, l'amitié doit, par définition, être quelque chose de volontaire et de libre : on n'oblige pas des gens à être amis.

Or, puisque l'amitié politique est la finalité naturelle de la société, il faut nécessairement qu'il existe un moyen de surmonter cette contradiction. Et la réponse nous est donnée, une fois de plus, par Aristote : « La Cité est une pluralité qui, *par le moyen nécessaire de l'éducation*, doit être ramenée à une communauté » (*Politiques*, II, 5).

Donc, pour un État, ce n'est pas être « totalitaire » (au sens de tyrannique), mais au contraire soucieux du plus grand bien des personnes, que de prendre en charge l'éducation des enfants dès que ces derniers ont atteint un âge raisonnable, afin de les ordonner au Bien commun, qui est leur fin ultime d'individus rationnels. Car c'est par l'État et seulement par l'État que l'homme parvient à renoncer aux désirs qui relèvent de sa subjectivité singulière, pour ne plus désirer que l'Universel, qui est ce vers quoi tend la volonté objective de sa nature. Et c'est ce qui fait dire à Hegel, dans *La Raison dans l'Histoire*, que « le but de toute éducation est que l'individu cesse d'être quelque chose de purement subjectif et qu'il s'objective dans l'État ». (Ce qui relève vraiment du totalitarisme tyrannique — par opposition au totalitarisme du Bien commun de l'abbé Julio Meinvielle — c'est la volonté d'« arracher les enfants à tous les déterminismes familiaux, ethniques, sociaux, philosophiques et religieux », comme le voudraient certaines éminences grises de la République laïque et maçonnique…)

Aussi l'amitié politique prend-elle naturellement la forme d'une *négation de négation*, pour reprendre l'expression hégélienne, ou, si l'on préfère, d'une contradiction surmontée.

Essence de l'amitié politique

L'amitié, c'est l'émulation mutuelle et bienveillante (bienveillance : fait de veiller à ce que l'autre atteigne son bien) dans la recherche commune et la contemplation de la vérité, passant par l'émulation dans la pratique de la vertu.

L'amitié politique est donc la concurrence, elle aussi mutuelle et bienveillante, entre l'ensemble des membres de la Cité, dans la recherche du Vrai et la pratique des vertus qui font le bonheur authentique de l'homme — bonheur qui est nécessairement commun (on ne peut être heureux seul).

Cicéron la résume ainsi : « ***Rerum humanarum et divinarum cum benevolentia et charitate consensio*** » : consensus (ou unité des intelligences) dans les choses humaines et divines, avec bienveillance (amour de la volonté) et charité (ici, amour du cœur).

On retrouve bien les deux finalités opératives de la vie de l'homme, qui sont celles des deux facultés de son esprit ; à savoir la contemplation de la vérité, pour la raison, et la pratique de la vertu, pour la volonté libre ; deux finalités opératives qui ne peuvent se réaliser pleinement, on le voit, que dans le cadre de la Cité et de l'amitié politique.

Tout dans l'État, rien en dehors de l'État, rien contre l'État

L'être de l'homme, c'est sa raison et sa liberté. Or, « c'est seulement dans l'État que la liberté devient objective et se réalise positivement », car la volonté libre, dont l'objet est le Bien universel, n'atteint cet objet qu'en s'universalisant dans l'État. Et, pour la même raison, « c'est seulement dans l'État que l'homme a une existence conforme à la Raison », dont l'objet est le Vrai. De sorte que, d'un point de vue strictement naturel, « **tout ce que l'homme est, il le doit à l'État : c'est là que réside son être ; toute sa valeur, toute sa réalité spirituelle, il ne les a que par l'État** » (Hegel, *La Raison dans l'Histoire*, chapitre II : La réalisation de l'Esprit dans l'Histoire, paragraphe 3 : Le moteur de la réalisation de l'Esprit : L'État).

III. Le fascisme et les catholiques

C'est un fait : il y eut des catholiques antifascistes, et des fascistes anticatholiques. Et si les seconds furent en grand nombre anticatholiques, ce fut précisément parce que les premiers étaient, pour beaucoup, *a priori* hostiles au fascisme.

Cependant, c'est aussi un fait avéré que certains catholiques, qui plus est de grands hommes — pour certains clercs, pour d'autres simples laïques — firent le choix du fascisme.

Essence du fascisme

Mais il nous faut d'abord préciser ce que nous entendons par ce mot de « fascisme », car il semble bien qu'il rivalise avec les termes les plus équivoques.

À la suite de Joseph Mérel, nous définirons volontiers le fascisme, en tant que phénomène historique, comme *une **tentative** européenne, personnalisée par le génie des nations qui ont essayé de le promouvoir, de refonder l'Ordre d'Ancien Régime — c'est-à-dire l'Ordre européen avant la Révolution de 1789 — mais en évitant de reproduire les travers qui ont précipité sa chute* (cf. *Fascisme et Monarchie. Essai de conciliation d'un point de vue catholique*) ; en tant qu'attaché à l'Ordre, le mouvement fasciste fut contre-révolutionnaire ; en tant qu'aspirant à un progrès authentique — et non à un retour en arrière plus nostalgique que rationnel —, il fut révolutionnaire et donc anti-réactionnaire.

Aussi le fascisme, entendu comme doctrine, se caractérise-t-il dans son essence par quatre notes principales : mono-archisme, corporatisme, nationalisme, organicisme ; il est mono-archiste et corporatiste, parce qu'essentiellement lié à l'Ordre d'Ancien Régime ; et en même temps il est nationaliste et organiciste, parce qu'il comprend qu'un régime n'est pérenne que s'il répond à ces deux exigences, et que l'Ancien Régime s'est précisément écroulé en raison de son manque d'esprit national et de son absence d'organicité.

Et ces quatre notes sont bien celles qui ressortent de *La Doctrine du fascisme* (1932) de Benito Mussolini.

Le fascisme est mono-archiste.

Le fascisme est mono-archiste, c'est-à-dire qu'il est favorable au gouvernement d'un seul (qu'il s'agisse d'un roi ou d'un empereur, d'un Premier ministre ou d'un dictateur, d'un « Chef » ou d'un « Guide »). Il est mono-archiste, parce qu'il se veut autoritaire : l'autorité d'une communauté ayant pour fin de donner l'unité aux membres de cette communauté, et un être ne pouvant donner que ce qu'il a, il est de la nature de l'autorité d'être une. Il est autoritaire parce qu'il aspire au Bien commun, qui, en tant que finalité de la Cité — dont la substance est celle d'un tout d'ordre —, consiste essentiellement dans l'unité de ses membres — ici l'amitié politique —, unité que seule l'autorité peut donner. Enfin, parce qu'il est autoritaire, et que l'autorité d'une communauté politique, c'est l'État, le fascisme est étatiste ; de sorte que, pour lui, il est normal que l'État s'occupe de tout ce qui regarde la Cité, à commencer par l'éducation des enfants, dès lors que ces derniers ont atteint un âge rationnel, ainsi l'âge de prendre part à la vie de la Cité. Et, de cet État, le fascisme a une conception philosophiquement réaliste : il en fait le principe de l'existence en acte de la nation, du peuple. « Ce n'est pas la nation qui crée l'État, comme dans la vieille conception naturaliste, qui servait de base aux études des publicistes des États nationaux du XIXe siècle. Au contraire, la nation est créée par l'État, qui donne au peuple, conscient de sa propre unité morale, une volonté, et par conséquent une existence effective » (Mussolini, *La Doctrine du fascisme*, chapitre premier : Doctrine politique et sociale, 10. Conception de l'État). L'État étant analogiquement à la nation (entendu comme peuple) ce que la forme est à la matière, c'est bien l'État qui donne l'existence à la nation et non l'inverse, puisque c'est la forme qui actue la matière.

Et en tant que mono-archiste et autoritariste, le fascisme est radicalement opposé aux idées libérales du « siècle des Lumières » et de la Révolution de 1789 (que Mussolini ne cesse de fustiger dans ses écrits et ses discours) ; et il s'oppose également à toute espèce de démocratie, en particulier à la « social-démocratie », et même à la « démocratie chrétienne » — qui n'en est qu'un sous-produit, et dont l'échec provient de sa contradiction intestine, à savoir sa volonté de marier l'Évangile et la Révolution.

Mais la contre-Révolution que le fascisme propose n'est pas un retour en arrière ; c'est plutôt une révolution contraire. Le fascisme sait qu'avant de reconstruire, il faudra d'abord déconstruire : « Si le socialisme est destructif et veut faire disparaître les derniers vestiges de la spiritualité, avant de construire son athéisme et son matérialisme, le fascisme comporte aussi un travail de destruction, destruction de tout le désordre accumulé par la démocratie moribonde, avant de construire son régime spiritualiste, qui doit imposer le respect de la Charité dans toutes les manifestations sociales de l'individu » (Adrien Arcand, *Serviam*).

Et, dans la mesure où il est révolutionnaire, le fascisme est effectivement violent : une révolution implique l'élimination de celui qui s'y oppose ; et une révolution juste, c'est-à-dire une révolution qui a pour fin de restaurer l'Ordre naturel, implique une juste violence à l'encontre de ceux qui violentent injustement ce même Ordre naturel ; « La violence que le fascisme emploie **se justifie** dès que l'on comprend l'époque présente, qui est une époque de violence » (abbé Meinvielle, *Conception catholique de l'économie*).

Le fascisme est corporatiste.

Le fascisme est de plus corporatiste, c'est-à-dire qu'il est favorable à l'organisation étatique de corps rassemblant ouvriers et patrons, dans le but de subordonner leurs intérêts

particuliers à l'intérêt général de l'entreprise dans laquelle ils tra-
vaillent, intérêt général lui-même ordonné au Bien commun de
l'État. « Le fascisme s'oppose au socialisme [...] ; et de même,
il est contre le syndicalisme. Mais il veut que, dans l'orbite de
l'État, les exigences réelles qui donnèrent naissance au mouvement socialiste et syndicaliste soient reconnues ; et il les fait
valoir dans le système corporatiste, où ses intérêts s'accordent
avec ceux de l'État » (Mussolini, *op. cit.*, chapitre premier,
8. Antisocialisme et corporatisme).

Aussi le fascisme s'oppose-t-il clairement à la fois au capitalisme libéral héritier de la Révolution française (dont la première
œuvre fut, par la loi Le Chapelier, de détruire les corporations
qui protégeaient les ouvriers dans leur travail, au nom de l'abo-
lition des privilèges) ; mais aussi au syndicalisme marxiste qui
en est résulté au siècle suivant, à cette théorie de la « lutte des
classes », qui est certainement la pire invention de l'humanité,
parce que la plus destructrice de cette unité — qui est son plus
grand bien.

Le fascisme est nationaliste.

Le fascisme ne s'arrête pas là, sans quoi il serait exclusivement réactionnaire ; il est aussi nationaliste et organiciste.

Il est nationaliste, c'est-à-dire qu'il considère la nation
— « unité de destin dans l'Universel » pour reprendre l'expression de José Antonio Primo de Rivera — comme le substrat
matériel de la société politique. Aussi approuve-t-il le principe
(accidentellement révolutionnaire) d'après lequel à chaque
nation doit correspondre un État, et à chaque État doit correspondre une nation, puisque la nation est à l'État ce que la
matière est à la forme (personne n'imaginerait un corps avec
plusieurs âmes, ni une âme avec plusieurs corps). « Le droit à
l'indépendance d'une nation est fondé [...] sur une conscience
active, sur une volonté politique agissante, et prête à démonter
son droit : c'est-à-dire sur une sorte d'État *in fieri* » (*ibid.*, chapitre premier, 10. Conception de l'État). S'il est donc vrai que

« ce n'est pas la nation qui crée l'État », mais « la nation qui est créée par l'État », comme Mussolini le dit lui-même, il faut cependant affirmer qu'il ne peut y avoir d'État sans nation *in potentia* ; car, la nation étant à l'État ce que la matière est à la forme, et la matière étant le sujet de la forme, la nation est le substrat nécessaire de l'État, qui, bien que non *causé* par elle, en est cependant *éduit*.

En cela, le fascisme se distingue du légitimisme réactionnaire et passéiste, qui considère que la nation n'est qu'une notion vide de sens, essentiellement révolutionnaire et inventée à des fins antimonarchiques, ou anticoloniales et indépendantistes.

Le fascisme est organiciste.

Mais le fascisme est aussi, et par-dessus tout, organiciste ; c'est-à-dire qu'il promeut **une société organique, vivante, une société dans laquelle chaque membre — en tant que membre — prenne *activement* part à la poursuite du Bien commun de la Totalité**, comme les membres d'un corps prennent naturellement part au bon fonctionnement de ce même corps (si l'estomac se met en grève, le cœur s'affaiblit, et l'estomac en est lui-même affecté). En cela, l'État fasciste est effectivement « totalitaire », non pas au sens d'un État tyrannique, mais d'un État réalisant un véritable « totalitarisme du Bien commun » (pour reprendre l'expression de l'abbé Meinvielle), le Bien commun étant entendu à la fois comme le bien du Tout et comme le meilleur bien de chacune de ses parties.

Et cela correspond à une certaine conception de la Vie ; à une conception de la Vie comme Action. « Le fascisme veut que l'homme soit actif et engagé dans l'action avec toutes ses énergies, virilement conscient des difficultés réelles et prêt à les braver. Il conçoit la vie comme une lutte [...]. Et cela est vrai pour l'individu lui-même, pour la nation et pour l'humanité » (*ibid.*, chapitre premier, 3. Conception positive de la vie comme lutte). Oui, si l'on devait résumer l'esprit du fascisme en une seule phrase, nous dirions que, pour le fascisme, la Vie en général, et la Vie humaine en particulier, n'est pas un repos mais un mouvement, qu'elle est une Tension continue, un Combat, une Lutte acharnée ; d'où le triptyque fasciste : *credere, obbedire, combattere* (croire, obéir, combattre). Et c'est la raison pour laquelle le fascisme « est contraire à toutes les innovations jacobines : il ne croit pas à la possibilité du « bonheur » sur la terre, comme le voulait la littérature des économistes du XIXe siècle ; aussi rejette-t-il toutes les conceptions téléologiques d'après lesquelles, à un certain moment de l'histoire, le genre humain parviendrait à un stade d'organisation définitive : une telle doctrine est contraire à l'histoire et à la vie, qui est mouvement incessant et perpétuel devenir. Le fascisme veut, politiquement, être une doctrine réaliste » (*ibid.*, chapitre premier, 6. Conception éthique et réaliste) ; il est dans l'essence du fascisme de croire qu'il n'y a pas de bonheur parfait et de paix envisageable sur cette terre, que l'homme n'atteint sa béatitude qu'après la mort — dans l'autre monde —, que l'ataraxie n'est possible que pour l'âme séparée du corps, que pour l'esprit victorieux de la matière. C'est pourquoi il est fondamentalement « spiritualiste », et croit en « une vie où l'individu, par l'abnégation de lui-même, par le sacrifice de ses intérêts particuliers, par la mort même, réalise cette existence toute spirituelle qui fait sa valeur d'homme » (*ibid.*, chapitre premier, 2. Conception spiritualiste) : selon la doctrine fasciste, la personne humaine parvient à sa véritable dignité dans le dépassement de soi, ou le combat au service d'un idéal.

Et, dans le même sens, le fascisme promeut une société virile ; une société où les hommes (c'est-à-dire les mâles) gouvernent, parce qu'il est dans leur vocation de gouverner : de même qu'ils ont la part active dans l'acte de la reproduction, de même doivent-ils avoir le primat dans l'agir politique. Le fascisme rejette donc toute velléité féministe. À ladite intuition du cœur, il oppose la rationalité froide ; à la mansuétude gravide de laxisme, il oppose l'implacable et rigoureuse justice ; à la douceur sentimentale, il oppose la vigueur de l'irascible ; au désir suave d'effacer les inégalités, il oppose la loi du plus fort et du plus méritant. Il sait que l'intuition, la mansuétude, la douceur et les bons sentiments ont leur place dans la vie en général, et même dans la vie sociale ; mais il sait aussi que, précisément, ces choses doivent rester à leur place, demeurant soumises à la rationalité, à la justice, à la force, et aux lois de la nature, comme la femme doit demeurer soumise à l'homme. Aussi le fascisme s'appuie-t-il sur les valeurs traditionnelles de la masculinité et de la Cité antique ; il n'hésite d'ailleurs pas à revendiquer l'héritage de l'Empire romain — l'Empire triomphant bien sûr, celui d'un Marc Aurèle, et non l'Empire décadent du IVe siècle, qui finit par s'écrouler en raison de l'invasion migratoire qu'il tolérait... Et, toujours dans cet esprit de virilité, le fascisme aime à célébrer les vertus guerrières, en particulier la vertu de force et l'honneur, ainsi que l'héroïsme, qui consiste dans le sacrifice de son Moi et de ses affections subjectives — jusqu'à son désir même du repos et sa crainte du danger — au profit de l'organicité du Tout.

Or, en tant qu'organiciste, le fascisme est antibourgeois et anticonservateur. L'organicité est bien ce qui différencie spécifiquement l'État fasciste des autres États de genre nationaliste mais non fasciste, comme, par exemple, le régime paternaliste de Franco — qui, bien qu'on lui doive d'avoir sauvé l'Espagne d'une dictature communiste, n'a jamais instauré l'État organique que Primo de Rivera appelait de ces vœux, fit le jeu du capitalisme et des sbires de l'Opus Dei, et emporta son régime avec lui dans sa tombe ; le fondateur de la Phalange l'avait d'ailleurs prédit : « ce mouvement [*en parlant du franquisme*] ne conduira pas à implanter l'État national-syndicaliste [...], mais à restaurer une médiocrité bourgeoise, conservatrice, et bordée, comme raillerie suprême, par l'accompagnement chorégraphique de nos chemises bleues » (*Circulaire du 24 juin 1936*). Les régimes paternalistes, dans lesquels seul le « père » de la nation est actif, s'effondrent logiquement à la mort de ce père (le régime de Vichy rentre aussi dans ce cadre). Pour le fascisme, au contraire, la Cité doit être réellement vivante : le Chef ne doit jamais cesser de réformer — non que la réforme soit une fin en soi, mais, sur cette terre, il est toujours possible de faire mieux qu'avant, d'atteindre un plus grand bien — ; les élites doivent être régulièrement renouvelées, pour éviter que ne s'établisse peu à peu une caste de privilégiés décadents ; enfin, tous les citoyens doivent prendre part, chacun à leur niveau, à la vie de la Cité, qui consiste dans la poursuite active du Bien commun. Comme le faisait remarquer G. K. Chesterton, qui avait bien selon nous quelques idées propres au fascisme, quoiqu'il ne s'en soit jamais réclamé explicitement, « la corruption inhérente aux choses n'est pas seulement le meilleur argument pour être progressiste ; c'est aussi le seul argument pour ne pas être conservateur » (*Orthodoxie*, 7. L'éternelle révolution). Une maison qui, une fois bâtie, serait laissée à l'abandon, ou même simplement conservée en ordre, sans être réellement entretenue ni régulièrement rénovée, une telle maison finirait nécessairement par tomber en décrépitude. Et, si cela est vrai pour l'ensemble des substances naturelles, cela l'est *a fortiori* pour les substances vivantes, et en particulier pour l'homme qui, blessé par le péché originel, régresse lorsqu'il est dans l'immobilité. Et, pour cette raison précise, le fascisme est une philosophie du Devenir.

Le fascisme est proeuropéen.

Par ailleurs, il faut ajouter que le fascisme, s'il est vrai qu'il est nationaliste, est en même temps proeuropéen et universaliste.

Il est politiquement proeuropéen, en ce sens qu'il est partisan d'une Grande Europe, d'une Europe des nations unifiée — d'un empire au sens large du terme — fondée sur les valeurs de la civilisation gréco-romaine, de la race blanche et de la religion catholique. En cela, il se distingue bel et bien du maurrassisme nominaliste, par-là nationaliste à l'excès, ainsi héritier — sous ce rapport — de la Révolution française. Mais, « dans la doctrine du fascisme, l'empire n'est pas fondamentalement une expansion territoriale, militaire ou marchande ; elle est spirituelle et morale. On peut concevoir un empire, c'est-à-dire une nation qui, directement ou indirectement, guide d'autres nations, sans que la conquête d'un kilomètre carré de territoire soit nécessaire » (Mussolini, *La Doctrine du fascisme*, chapitre deuxième : Idées fondamentales, 13. Empire et discipline).

L'Union européenne d'aujourd'hui n'est que la caricature monstrueuse de ce dont l'Europe aurait dû accoucher au milieu du XXᵉ siècle. Mais les régimes qui ont essayé de promouvoir une telle Europe ont été liquidés par les « Alliés » ; l'URSS, les États-Unis et le Royaume-Uni avaient parfaitement compris que l'existence d'un tel empire serait loin de servir leurs intérêts propres...

Le fascisme est universaliste.

Pour finir, le fascisme est philosophiquement universaliste ; c'est-à-dire qu'il se veut, en tant que philosophie politique, une doctrine politique qui dépasse les circonstances — contingentes — de lieu et de temps. Pour parler en termes aristotéliciens, nous dirons que le fascisme est une forme universelle d'État, ou de régime politique, appelée à être individuée par chaque nation — entendue comme substrat matériel de l'État. Et il est donc bel et bien distinct, une fois de plus, du maurrassisme agnostique (y compris en matière religieuse), de surcroît relativiste, ainsi de nouveau héritier, sous ce rapport, de la Révolution. « Comme toute saine conception politique, le fascisme associe la **pensée** à l'action. C'est une action animée par une **doctrine**. Cette doctrine est née d'un système donné de forces historiques, auquel elle reste intimement liée et qui reçoit d'elle son impulsion intérieure. Il a donc une forme correspondant aux contingences de lieu et de temps ; mais il a en même temps un **contenu idéal** qui l'élève au rang de **vérité supérieure** dans l'histoire de la pensée » (*ibid.*, chapitre premier, 1. Le fascisme comme philosophie).

La mondialisation actuelle n'est, elle aussi, que l'ignoble caricature de l'emprise civilisatrice que le monde blanc était appelé à avoir — par le moyen d'une saine colonisation — sur le reste du monde, non pour son propre intérêt, mais au contraire pour le bonheur des nations. Il est d'ailleurs à remarquer que ce sain universalisme fasciste rejoint l'universalisme catholique ; et l'Église catholique et romaine aurait très certainement eu bien plus de facilité à remplir sa mission d'évangélisation dans un tel monde impérial.

Souvenons-nous d'ailleurs que, si la religion chrétienne a pu se développer aussi rapidement qu'elle s'est développée, c'est qu'elle est née dans un contexte impérial, à savoir celui de l'Empire romain.

Transition : Les fascismes historiques

Les principaux mouvements politiques du XXᵉ siècle, dont la doctrine correspond à celle du fascisme — évoquée ci-dessus — sont le fascisme italien, le phalangisme espagnol, le rexisme belge, et le légionnarisme roumain.

On constatera que ces quatre mouvements étaient profondément religieux : catholiques pour les trois premiers, orthodoxe pour le dernier (mais non hostile au catholicisme).

Les catholiques et le fascisme

Mais voilà . dans les années 30, période de la Croisade des fascismes, les catholiques étaient soit démocrates-chrétiens — sinon simplement démocrates —, soit royalistes ou — en France — acquis aux idées maurassiennes. On comprend alors que la conciliation entre catholicisme et fascisme ait été, historiquement, délicate.

Lorsqu'un bien déchoit de sa bonté et laisse sa place à un mal, il y a quatre attitudes possibles. La première consiste, par idéologie ou par pragmatisme, à épouser le mal dans sa totalité. La seconde, par un idéalisme nostalgique et plus ou moins sentimental, à se rattacher à tout prix au bien passé, mais sans chercher à comprendre les raisons de sa chute, et encore moins à en tirer les leçons. La troisième, par un faux réalisme, à tenter de concilier le bien et le mal en épousant une partie de ce dernier, ainsi à en faire une espèce de « synthèse ». La dernière attitude, animée d'un réalisme authentique et d'un sain idéalisme — c'est-à-dire d'un idéalisme rationnel —, consiste à réprouver le mal tout en assumant ses parcelles de bontés et ses vérités captives (car ni le mal, ni l'erreur, ne sont jamais absolus), ainsi à rétablir le bien passé tout en le dépassant, à faire accoucher son *Aufhebung*, son achèvement.

La première attitude est celle des modernistes en matière religieuse, des rationalistes en matière philosophique, des révolutionnaires acquis à la démocratie en matière politique, qu'ils soient libéraux ou marxistes. La seconde est celle des « traditionalistes », des férus du psittacisme thomiste, et des réactionnaires légitimistes. La troisième est celle des mous, des partisans de « l'herméneutique de la réforme dans la continuité » et autres spécialistes de la magouille intellectuelle, des néo-thomistes à la sauce Maritain, des démocrates-chrétiens (qui marient l'Évangile à la Révolution), des orléanistes favorables à une « monarchie parlementaire » et même, dans une certaine mesure, des maurrassiens (qui marient la Réaction à l'agnosticisme). Enfin, la dernière attitude est celle des catholiques fidèles à la Tradition, mais cherchant à résoudre les problèmes réels auxquels Vatican II a apporté de mauvaises réponses ; celle des philosophes fidèles au réalisme, mais souhaitant intégrer au corpus de l'Aquinate les vérités captives du rationalisme d'un Descartes, d'un Malebranche ou d'un Leibniz ; celle, enfin, des hommes authentiquement de Droite, partisans d'un État monoarchique et corporatiste, mais qui soit en même temps soucieux de sa réalité nationale et de son organicité, et qui, loin de tout relativisme, soit en adéquation avec l'ordre politique naturel, la saine philosophie réaliste et la vocation surnaturelle de l'homme ; c'est-à-dire, en somme, celle des fascistes.

On pourra peut-être confondre, à première vue, la troisième et la quatrième attitude ; mais, à bien y regarder, on verra que la troisième s'oppose tout à fait à la quatrième, qu'elle en est la position inverse.

Ni la démocratie chrétienne ni le royalisme maurassien ne pouvaient donc s'accorder avec le fascisme ; et, de fait, ils ne se sont pas accordés avec lui.

L'Église et le fascisme

Les démochrétiens de gauche et les catholiques maurassiens répètent à satiété que l'Église n'a jamais approuvé le fascisme.

Mais faut-il rappeler aux premiers que saint Pie X a condamné les fondements mêmes de cette démocratie chrétienne qu'ils appellent de leurs vœux dans sa *Lettre sur le Sillon* (1913) ? Faut-il aussi rappeler aux seconds que Pie XI a réprouvé la doctrine agnostique de Maurras dans son *Décret de condamnation de l'Action française* (1926) ?

Quant à la doctrine fasciste en tant que telle, si le Saint-Siège ne l'a pas approuvée, il ne l'a jamais condamnée.

Deux encycliques sont souvent invoquées par nos détracteurs : *Non abbiamo bisogno* et *Mit brennender Sorge* ; la première aurait condamné le fascisme ; la seconde, le national-socialisme. Visiblement, il y a beaucoup de gens qui ne lisent pas, ou alors qui ne savent pas lire. *Non abbiamo bisogno* parle des tensions réelles qui existaient entre l'Église et l'État italien (notamment en matière d'éducation — domaine par soi « mixte » et donc souvent sujet à dispute —), mais ne parle aucunement du fascisme en tant que tel, et, par conséquent, ne le condamne point. *Mit brennender Sorge* a pour objet, quant à elle, « la situation de l'Église catholique dans l'Empire allemand », mais non, une fois de plus, le national-socialisme pris dans son essence, même si elle en critique les dérives graves et nombreuses — notamment son racialisme, c'est-à-dire sa perception trop *matérialiste* de la race (quoique la race soit une chose « nécessaire et honorable » comme le reconnaît lui-même Pie XI dans l'encyclique). Aucune comparaison possible entre ces deux encycliques et *Divini Redemptoris*, dont l'objet est explicitement le « communisme athée », condamné solennellement comme « intrinsèquement pervers ».

Cependant, il faut bien avouer que ces deux encycliques suscitent en nous un réel étonnement : pourquoi Pie XI s'en est-il pris au régime fasciste et au régime national-socialiste, alors même que ces deux régimes avaient eu la sollicitude de signer un concordat avec lui ? Ces concordats furent pourtant à l'avantage de l'Église : ainsi, les Accords du Latran, signés en 1929 entre le Saint-Siège et l'État italien, mirent fin à cette fameuse « question romaine » qui durait depuis près de cinquante ans et qui désespérait les papes, et établirent en outre que la religion catholique, apostolique et romaine était la seule religion de l'État fasciste ; quant au Concordat signé en 1933 entre le Vatican et le Reich allemand, il fut selon les mots mêmes de Pie XI un accord « inattendu et inespéré » (Marc Agostino). Il n'y eut par ailleurs jamais autant d'églises construites en Allemagne (2 500) que sous le Reich allemand (qui, rappelons-le, comprenait alors près d'un tiers de catholiques) ; jamais autant de catholiques pratiquants et de ferveur religieuse en Italie — depuis son unification en 1870 — que sous l'État fasciste (cf. Silvio Ferrari, *État et Églises en Italie*). Pourquoi donc Pie XI s'en est-il pris à deux régimes qui, objectivement, favorisaient l'Église, ou qui — à tout le moins — ne lui nuisaient pas ? Et pourquoi s'en est-il pris *spécifiquement* à eux ? L'Église catholique se trouvait-elle mieux dans l'Angleterre schismatique, dans les États-Unis du franc-maçon Roosevelt (certes « grand ami » du futur Pie XII...), ou même dans la France du Front populaire ?

Raisons qui ont pu rendre les catholiques hostiles au fascisme

Après ce qui a été dit précédemment, on se demande vraiment comment l'Église et les catholiques ont pu être si hostiles au fascisme.

Mais il est vrai que, sous l'État fasciste, les prélats ne pouvaient se livrer tranquillement à leurs magouilles. Il est vrai, aussi, que les hommes étaient éduqués virilement, ce qui déplut certainement au nombre, déjà important à cette époque, de catholiques émasculés. Il est vrai enfin que, dans de tels États, les citoyens avaient le devoir de s'ordonner à la Cité comme la partie au tout, ce qui ne plut guère aux clercs acquis, pour beaucoup, à la démocratie chrétienne — ceux que Bernanos décrivait justement comme « ces affreux petits curés démocrates, jaunes de toute l'envie des parvenus de l'intelligence » (*Les Grands Cimetières sous la lune*) — et généralement imbus de personnalisme — le personnalisme étant cette doctrine néfaste d'après laquelle, si l'individu est ordonné à la Cité, la personne transcende en revanche celle-ci ; ce qui, d'une part, est une division métaphysiquement absurde et, d'autre part, aboutit *in fine* à l'absolutisation de la liberté de conscience, au libéralisme.

En fin de compte, mieux vaut ne pas trop écouter les clercs en matière politique. Dans ce domaine, ces derniers sont bien souvent « des aveugles qui crèvent les yeux des gens pour pouvoir les conduire… » (Paul Jury, *Journal d'un prêtre*).

Adéquation entre fascisme et catholicisme

Une adéquation entre catholicisme et fascisme est-elle vraiment possible ? Oui, selon nous.

Pour démontrer une chose, il y a deux manières d'opérer : soit on procède à une démonstration *a priori* ; soit on recherche des preuves *a posteriori*. Pour ce qui est de la démonstration *a priori* de l'adéquation possible entre catholicisme et fascisme, nous en avons une dans *Fascisme et Monarchie. Essai de conciliation d'un point de vue catholique* : si une doctrine politique est conforme à l'ordre naturel, alors elle est conforme au catholicisme, puisque la nature est le sujet de la grâce ; or le fascisme est conforme à l'ordre naturel — c'est tout l'objet du livre que de le montrer — ; donc il est conforme à notre Sainte Religion.

L'abbé Meinvielle admit lui-même : « Le fascisme, dans sa réalisation concrète, n'est autre que la réaction économico-politique contre le libéralisme démocratique, réaction qui peut être saine, et même catholique, selon l'ambiance dans laquelle il se développe » (*Conception catholique de la politique*).

Quant aux preuves *a posteriori*, il y en a deux :

D'abord, quoi que l'on en dise, si l'Église et l'État fasciste ont signé un concordat, c'est que l'adéquation était possible ; à ce que l'on sache, aucun des dits « Alliés » — qu'il s'agisse de l'URSS, des États-Unis, du Royaume-Uni ou même de la France — n'ont signé un tel concordat, et n'ont eu de pareilles relations avec l'Église.

Et puis, certains catholiques firent le choix du fascisme. Non pas nécessairement de tel ou tel fascisme particulier ; mais du fascisme entendu universellement — ainsi que nous l'avons défini ci-dessus —, c'est-à-dire d'un régime essentiellement autoritaire et corporatiste, national et organique, et pro-européen.

Oui, un certain nombre de catholiques authentiques, c'est-à-dire de catholiques fervents, firent le choix du fascisme ; des intellectuels, qui plus est.

Ainsi en fut-il de José Antonio Primo de Rivera, Mgr Mayol de Lupé, Léon Degrelle, Mgr Tiso, Adrien Arcand, l'abbé Meinvielle, Robert Brasillach, Mgr Baudrillart, ou encore de Philippe Henriot et de tant d'autres.

Preuve *a posteriori* selon nous qu'il était — et qu'il est encore — possible de faire un tel choix.

Un choix que, bien entendu, nous avons fait.

La véritable question

Il arrive assez régulièrement que des catholiques bien-pensants nous demandent : « Comment peut-on, sans contradiction, et en toute honnêteté, se déclarer fasciste et catholique ? »

Après ce que nous venons de dire, il nous semble que la véritable question à se poser est plutôt la suivante :

« **Comment peut-on, sans esprit chimérique, grevé d'incohérence et de rêveries capricieuses et butées, se dire catholique sans être fasciste ?** » (Joseph Mérel, *Désir de Dieu et Organicité politique*, première partie : Pouvoir temporel et pouvoir spirituel).

IV. De la démocratie : politie et démocratie

Natura abhorret a vacuo, la nature a horreur du vide. Dieu étant mort — pour nos penseurs modernes —, il a bien fallu Le remplacer par autre chose. Certains se sont faits les chantres de la Raison ; d'autres, de la Liberté ; d'autres encore, de l'Égalité ; ils ont fini par choisir la Démocratie, qui, à elle seule, résumait toutes ces « valeurs ». À l'idée de Dieu s'est, finalement, substituée l'idée démocratique.

Ses défenseurs inconditionnels croient fermement que la démocratie est la Justice même, ainsi le seul moyen, pour les peuples, d'accéder au Bonheur ; et avec un tel apriori, la corruption, l'abus de pouvoir, voire le terrorisme auquel nous sommes actuellement confrontés, sont antidémocratiques plutôt qu'injustes ou immoraux. Ce qui est véritablement juste, proprement moral, c'est ce qui est démocratique.

C'est pourquoi ceux qui s'opposent à la démocratie moderne — qu'ils soient royalistes ou fascistes, favorables à une contre-révolution ou partisans d'une révolution contraire — sont considérés par les bien-pensants comme des adversaires de la Justice et du Bonheur des peuples. Ce sont des ennemis dont les idées ne sont pas, et ne peuvent être, objet de « tolérance ». « Pas de liberté pour les ennemis de la liberté » disait Saint-Just ; traduisez : pas de démocratie — de liberté d'expression — pour les ennemis de la démocratie.

Et pour les apôtres de la « démocratie chrétienne », la démocratie est non seulement le meilleur régime qui soit, mais elle revêt aussi un caractère divin.

Pourtant, loin de faire l'éloge de la démocratie, les Anciens la considéraient comme un régime corrompu. Citons Aristote, lorsqu'il expose les différentes formes de gouvernement : « Quand le gouvernement d'un seul a pour objet le Bien commun, on le nomme monarchie, ou vulgairement royauté. Avec la même condition, le gouvernement d'un petit nombre, pourvu qu'elle ne soit pas réduite à un seul individu, c'est l'aristocratie.

[...] Enfin, quand un grand nombre gouverne dans le sens du Bien commun, le gouvernement reçoit comme dénomination spéciale la dénomination générique de tous les gouvernements, et se nomme politie (*politeia* en grec). [...] Les perversions de ces gouvernements sont : la tyrannie pour la royauté ; l'oligarchie pour l'aristocratie ; la démocratie (*dêmokratia*) pour la politie. La tyrannie est le gouvernement d'un seul qui n'a pour objet que l'intérêt du gouvernant ; l'oligarchie n'a pour objet que l'intérêt des riches ; la démocratie n'a pour objet que l'intérêt des membres du peuple. Aucun de ces gouvernements ne songe au Bien commun de la Cité » (*Politiques*, III, 5).

Saint Thomas d'Aquin, plus grand Docteur de l'Église, classe également la démocratie parmi les régimes pervertis : « *Si vero iniquum regimen exerceatur per multos, democratia nuncupatur, id est potentatus populi, quando scilicet populus plebeiorum per potentiam multitudinis opprimit divites. Sic enim populus totus erit quasi unus tyrannus* » (*De Regno*, I, 1) : « Si un gouvernement inique est exercé par beaucoup, il est nommé démocratie, c'est-à-dire domination du peuple, comme quand le peuple des plébéiens, s'appuyant sur la puissance de sa multitude, opprime les [plus] aisés. Car ainsi, le peuple entier sera comme un seul tyran. »

De nos jours, personne n'oserait se dire favorable à la tyrannie d'un seul homme, c'est-à-dire à un despotisme (rares sont, en effet, les hommes politiques qui se réclament explicitement de Machiavel ou de Hobbes) ; ni même à celle des plus riches, c'est-à-dire à une oligarchie (régime qui, pourtant, plaisait à un Choiseul ou à un Voltaire). En revanche, la quasi-totalité de nos contemporains adule la démocratie, comme si elle était un régime bon, et même le régime parfait ; c'est que, des trois formes de gouvernement corrompues, elle est la seule qui puisse ne pas sembler telle : la démocratie est en effet une tyrannie *à tête changeante*, de sorte que la tyrannie — que l'on réduit souvent, par erreur, au pouvoir d'un seul homme — y est beaucoup moins visible que dans les autres régimes corrompus.

Rousseau, père de la démocratie moderne, disait lui-même qu'elle ne pouvait être une bonne chose car « il est contre l'ordre naturel que le grand nombre gouverne » (*Du contrat social*, III, IV). Et Tocqueville, qui est connu pour ses positions libérales, la qualifie très justement de « despotisme de la majorité » (*De la démocratie en Amérique*).

Est tyran celui qui, étant — pleinement ou partiellement — souverain, ne recherche pas le Bien commun politique mais uniquement son bien particulier. Or, la démocratie est le régime dans lequel tous les individus détiennent une part de souveraineté, en vue de leur intérêt propre. Une société démocratique (au sens aristotélicien du terme) est donc, par nature, une société de tyrans. C'est pourquoi Étienne Gilson définit la démocratie comme « la tyrannie de la foule » (*Saint Thomas, textes sur la morale*), et Claude Polin comme « la tyrannie de tous sur tous » (*Le Totalitarisme*).

C'est à la mise en évidence de la corruption intrinsèque du régime démocratique, et en particulier de la démocratie moderne, qu'est consacré le présent travail.

À cette fin, nous commencerons par étudier l'essence de la démocratie, en comparaison avec celle de la politie ; après quoi nous tâcherons de mettre en lumière les postulats philosophiques sous-jacents au démocratisme moderne, non sans avoir préalablement rappelé quelques principes de saine philosophie ; et nous finirons par exposer les vices chroniques qui sont propres à tout régime démocratique.

Après la lecture de ces quelques lignes, nous pensons, ou du moins espérons, qu'aucun homme de droite authentique n'osera encore croire en ce régime dégénéré.

Essence de la politie

Il nous est nécessaire de savoir ce qu'est la politie pour comprendre ce qu'est la démocratie, puisque la seconde est la perversion de la première.

La politie (du grec, *polis* : la Cité) est littéralement la chose de la Cité, ou chose publique. Il s'agit du régime politique dans lequel le gouvernement est assuré par la Cité elle-même, en vue du Bien commun. Par « Cité », il faut entendre le peuple en tant que *corps des citoyens*. Les Cités grecques (en particulier Athènes et Sparte), la *Res publica* romaine, la république aristocratique de Venise et la république marchande de Gênes, en sont probablement les meilleurs exemples historiques.

La politie, comme tout bon régime, poursuit le Bien commun (c'est-à-dire l'unité de la Cité, ou amitié politique) et non l'intérêt individuel de chaque membre de la Cité. Cela ne veut pas dire que les biens particuliers sont négligés, mais simplement qu'ils sont subordonnés au Bien commun auquel ils participent (puisque le Bien commun, étant un bien spirituel, se communique naturellement).

Le gouvernement est assuré par le corps des citoyens ; mais par *citoyen*, il faut entendre ici, à la manière des Grecs et des Latins, *membre de la Cité jouissant de droits politiques*. Or, dans une politie, un certain nombre de conditions sont requises pour pouvoir jouir de droits politiques. À Athènes, par exemple, il fallait : être un homme, de condition libre, né d'un père athénien, ayant atteint sa majorité, fait son éphébie (service militaire de deux ans que les Athéniens devaient faire à leur majorité), et n'exerçant pas de métier servile ; en somme, étaient exclus de la citoyenneté : les femmes, les esclaves, les métèques, les hommes âgés de moins de vingt ans, les réformés, ainsi que les ouvriers et les journaliers… soit plus de 90 % de la population. Inutile de dire que les individus ayant été condamné pénalement (ne serait-ce qu'une seule fois), ou ayant fait preuve de lâcheté sur le champ de bataille (les déserteurs), se voyaient eux aussi exclus *de facto* de la vie politique.

En outre, il est à noter que dans une politie, c'est la Cité, ou peuple en tant que *corps des citoyens*, qui gouverne, et non l'ensemble des citoyens pris individuellement. « Le peuple, ce n'est pas n'importe quel troupeau, mais la cohésion d'un certain nombre d'hommes, associés par l'adhésion commune à un droit donné et par la recherche d'un bien commun » (Cicéron, *De la République*). La politie est donc conforme au principe de non-réductibilité, principe d'après lequel un tout n'est pas réductible ontologiquement (c'est-à-dire du point de vue de l'être) à la somme de ses parties (nous aurons l'occasion d'en reparler plus tard).

Les citoyens ont par ailleurs des devoirs avant d'avoir des droits. En effet, c'est le citoyen qui est au service de la Cité, et non la Cité qui est au service du citoyen. Car le citoyen en tant que citoyen n'existe pas par lui-même, mais dans la mesure où il appartient à une Cité (le droit romain insistait particulièrement sur cela). D'ailleurs, « le civilisé, parce qu'il est civilisé, a beaucoup plus d'obligations envers la société que celle-ci ne saurait en avoir jamais envers lui. Il a, en d'autres termes, bien plus de devoirs que de droits » (Maurras, *Principes*). Et ces droits, ils ne sont pas innés, mais acquis par des actes.

D'un autre côté, ceux qui ont l'honneur d'être citoyens ne sont pas de simples dépositaires de la souveraineté, mais détiennent réellement le pouvoir politique : ils gouvernent eux-mêmes, sans mandataire. La politie est un système de gouvernement « direct » (contrairement à la démocratie d'essence représentative). C'est ainsi que, dans les Cités grecques, les citoyens se réunissaient en assemblée, ou *Ecclésia*, et décidaient ensemble de la politique commune.

Cependant, la politie n'est envisageable qu'à deux conditions *sine qua non* : il est nécessaire, *primo*, que le nombre des citoyens soit relativement restreint, sinon l'on est obligé de passer par des mandataires et la politie se corrompt d'elle-même en démagogie ; *secundo*, et il s'agit de la condition la plus indispensable, que les citoyens possèdent un minimum d'intelligence pratique (prudence) et soient suffisamment vertueux (justes), sans quoi l'on sombre irrémédiablement dans la démocratie. C'est pour ces raisons qu'une politie est concrètement impossible et donc inenvisageable dans un pays aussi vaste que la France et à une époque aussi décadente que la nôtre ; croire l'inverse serait, ou se tromper lourdement, ou faire preuve d'une grande mauvaise foi.

Toutefois, l'on constate qu'une certaine forme de politie est toujours possible dans les sociétés religieuses (monastères, couvents) et les corps intermédiaires (corporations, petites entreprises), les membres de ces institutions étant, d'une part, assez peu nombreux, et d'autre part, supposés soucieux du bien commun de leur communauté.

Essence de la démocratie

À présent, penchons-nous sur le régime qui est l'objet propre de notre travail.

La démocratie (du grec, *dêmos* : le peuple, et *kratos* : le pouvoir) est littéralement le pouvoir du peuple. Il s'agit du régime politique dans lequel le pouvoir appartient au peuple, c'est-à-dire à la somme des citoyens, en vue de l'intérêt général. Cette définition semble proche de celle de la politie, ou république. Elle en est pourtant la négation même. « Il n'est point d'État auquel je refuse plus nettement le nom de république qü'à celui qui est placé tout entier dans les mains de la multitude [...], cet assemblage d'hommes est tyran aussi bien qu'un seul homme et même tyran d'autant plus odieux qu'il n'est rien de plus terrible que cette bête féroce qui prend la forme et le nom de *peuple* » (Cicéron, *De la République*). Le régime démocratique est un régime viscéralement corrompu. Les démocraties occidentales modernes en sont les meilleurs exemples.

La démocratie, comme tout régime corrompu, ne poursuit nullement le Bien commun de la Cité. Mais elle a pour objet l'intérêt général qui, contrairement au Bien commun, est arbitraire, de nature matérielle, et se réduit donc à une somme d'intérêts particuliers. Par-là, tout régime démocratique est *nécessairement*, car pour ainsi dire *essentiellement*, subjectiviste, matérialiste et individualiste (primat de l'individu sur la totalité, du bien particulier sur le Bien commun) ; et c'est pourquoi la démocratie est le régime qui convient le mieux aux libéraux.

Voici la conception de la société politique qu'avait Locke, père du Libéralisme : « L'État, selon mes idées, est une société d'hommes instituée dans la seule vue de l'établissement, de la conservation et de l'avancement de leurs intérêts civils. J'appelle intérêts civils, la vie, la liberté, la santé du corps, la possession des biens extérieurs tels que sont l'argent, les terres, les maisons, les meubles, et autres choses de cette nature » (*Lettre sur la tolérance*, 1689) ; or, la démocratie se propose précisément pour fin d'assurer ces choses.

Dans une démocratie, le pouvoir appartient à l'ensemble des citoyens ; mais par *citoyen*, il ne faut pas entendre (à la manière des anciens) *membre de la société jouissant de droits politiques*, mais simplement *membre de la société*. Or, si la compréhension ou définition d'un terme diminue, alors son extension augmente nécessairement. Le pouvoir appartient donc à un plus grand nombre d'individus dans une démocratie que dans une politie. Le problème est que ce ne sont plus seulement les individus capables de gouverner qui détiennent le pouvoir, mais *tous* les membres de la communauté quels qu'ils soient (excepté les mineurs dont la capacité de discernement est, encore aujourd'hui, jugée insuffisante). Ainsi, la démocratie est le rejet de la valeur intrinsèque à l'avantage du nombre, de la qualité au profit de la quantité.

Il est à noter, en outre, que dans une démocratie, c'est la somme des citoyens pris individuellement qui détient la souveraineté, et non le corps de citoyens pris comme tout ; par voie de conséquence, tous les citoyens détiennent une part égale de la souveraineté. La démocratie est une application, en politique, du réductionnisme philosophique (théorie d'après laquelle le tout serait réductible à la somme de ses parties).

Par ailleurs, les citoyens ont des droits avant d'avoir des devoirs, car ce n'est plus l'individu qui est au service de la société (comme dans la politie), mais la société qui est au service de l'individu. Pour les modernes, une forme de gouvernement est considérée comme d'autant meilleure qu'elle garantit les « droits » des individus. Or la démocratie est le seul régime qui en fasse sa priorité. C'est la raison pour laquelle cette forme de gouvernement est considérée par la quasi-totalité de nos contemporains comme la seule acceptable.

Les deux guerres mondiales, qui mirent presque la moitié du Globe à feu et à sang, furent les deux grandes croisades de cette sacro-sainte Démocratie. Et c'est de nos jours au nom de cette même démocratie que des révolutions sont encouragées, voire soutenues financièrement, que la majeure partie des conflits militaires sont menés, et que des nations se retrouvent dans le chaos le plus absolu. Pourquoi un tel acharnement ? Parce que ces « droits », dont la préservation est la priorité de la démocratie, sont considérés par les modernes comme *fondamentaux*, c'est-à-dire qu'ils relèveraient de la nature humaine (article 1er de la DUDH : « Tous les êtres humains naissent libres et égaux en dignité et en droits. »), et seraient donc, pour reprendre les mots du pape Jean XXIII, « universels, inviolables et inaliénables »... De nos jours, celui qui ne croît pas en ces chimères est considéré comme un ennemi radical du genre humain.

Mais revenons au fonctionnement de la démocratie. Dans un régime démocratique, bien que le peuple soit dépositaire de la souveraineté (ou principe de l'autorité politique), il n'a concrètement qu'un seul pouvoir : celui d'élire ses mandataires (pouvoir qui n'est certes pas rien, mais qui n'est pas celui de gouverner). Et ce, car, les citoyens d'une démocratie étant toujours trop nombreux pour gouverner efficacement, ce ne sont pas eux-mêmes, mais leurs mandataires (impératifs, ou représentatifs) qui se chargent du gouvernement de la chose publique. Mais l'un des grands défauts de la démocratie est que, la plupart des gens du peuple ne possèdent pas le minimum d'intelligence pratique et de vertu morale requis pour discerner et choisir les bons gouvernants. Ainsi leurs élus manquent-ils eux-mêmes de prudence et de vertu ; et c'est à ce propos que Joseph de Maistre disait : « Toute nation a le gouvernement qu'elle mérite. » De surcroît, les citoyens étant trop nombreux et ne se connaissant donc pas, ils perdent de vue non seulement le Bien commun, mais même l'intérêt général (on le voit aujourd'hui : ce sont les questions économiques qui divisent le plus). Ils ne votent alors qu'en faveur des candidats qui serviront vraisemblablement le mieux leur intérêt individuel. Renan, dans l'un de ses quelques instants de lucidité, écrivit : « Le suffrage universel est comme un tas de sable, sans cohésion ni rapport fixe entre les atomes. On ne construit pas une maison avec cela. » En effet, on ne construira jamais rien avec un tas de sable ; on n'instaurera jamais rien avec un tas d'individus sans rapports. Pas plus que l'on ne parviendra à un quelconque Bien commun avec une masse d'égoïstes finis.

Démocrates-chrétiens et populistes

À propos des démocrates-chrétiens, qui cherchent à concilier le christianisme et la démocratie, il est manifeste qu'ils veulent concilier l'inconciliable. Car le christianisme est un appel à la sainteté et au don de soi, alors que la démocratie est une incitation à la médiocrité et à l'égoïsme. Car celui-là place le Christ-Roi au cœur de la société politique, alors que celle-ci Le détrône pour y placer l'homme. Être démocrate-chrétien, c'est, au mieux, mettre un coup de goupillon sur ce qui est ontologiquement un mal pour espérer en faire un bien (Léon XIII, dans son encyclique *Inter sollicitudines*, exhortaient les catholiques français à christianiser une République fondamentalement maçonnique et anticléricale...) ; et c'est, au pire, faire passer le christianisme après la démocratie dans le combat politique (Marc Sangnier, au début d'un article publié dans le journal *La Croix* en 1905, écrivit à propos de son célèbre mouvement démocrate-chrétien : « Le Sillon a pour but de réaliser en France la République démocratique. Ce n'est donc pas un mouvement catholique. »).

Quant aux populistes de toutes tendances — y compris les « populistes de Droite » (mais ces gens sont-ils réellement de Droite ?) — qui se proposent pour fin de redonner le pouvoir au peuple et se disent donc favorables à « une vraie démocratie », ils ne comprennent pas (ou ne veulent pas comprendre) que le système politique actuel est non seulement une vraie démocratie, mais qu'il est même la démocratie par excellence ! Tous les citoyens ont une part de souveraineté ; tous peuvent participer aux élections ; tous ont le droit de voter pour qui ils souhaitent : en France, par exemple, les électeurs ne sont-ils pas aussi libres de voter pour le Rassemblement national (ex-néo-prétendu-Front national) que pour La République en marche ? Qu'est-ce que ces populistes pourraient donc bien vouloir de plus ? Que le peuple vote pour tout ? Mais ce serait encore pire ; car, dans la mesure où les gens du peuple ne savent même pas ce qui est bon pour eux, on a du mal à comprendre comment ils pourraient savoir ce qui est bon pour la communauté tout entière.

« La volonté, la décision, l'entreprise sortent du petit nombre ; l'assentiment, l'acceptation, de la majorité. C'est aux minorités qu'appartiennent la vertu, l'audace, la puissance et la conception » (Charles Maurras, *Enquête sur la monarchie*).

V. De la démocratie (suite) : fondements philosophiques de la démocratie moderne

Toute politique est une métaphysique en acte. Cela vaut pour la démocratie. Et cela vaut en particulier pour la démocratie moderne, puisqu'elle est fondée sur une philosophie bien déterminée, à savoir la philosophie moderne. Or, on ne peut connaître véritablement une chose que si l'on en connaît les causes. Il nous faut donc nous intéresser aux postulats philosophiques sous-jacents à la démocratie moderne pour mieux comprendre celle-ci ; des postulats philosophiques qui sont contraires à la saine philosophie.

Principes fondamentaux d'une saine philosophie politique

L'erreur n'est perceptible que si la vérité est connue. Il nous faut donc, pour comprendre la perversité des fondements de la démocratie moderne, repartir des grands principes de la philosophie classique qui ont des conséquences en matière politique.

Le premier d'entre eux est le principe d'identité, ou principe de non-contradiction : « Il est impossible qu'un même attribut appartienne et n'appartienne pas en même temps et sous le même rapport à une même substance » (Aristote, *Métaphysique*, IV, III). En effet, il est impossible que la blancheur appartienne et n'appartienne pas en même temps et sous le même rapport au même mur ; peut-être ce mur est-il blanc aujourd'hui mais ne le sera-t-il plus demain ; peut-être est-il blanc à un endroit mais ne l'est-il pas à un autre ; quoi qu'il en soit, il est impossible qu'il soit blanc et non blanc, en même temps et sous le même rapport. Et si ce principe est valable pour les êtres sensibles, il l'est aussi pour les êtres intelligibles, car un principe concerne l'ensemble du réel. Il est tout aussi impossible, par exemple, que l'existence appartienne et n'appartienne pas en même temps et sous le même rapport à Dieu ; soit Dieu existe, soit il n'existe pas ; il n'y a pas d'autre solution. Partant, la vérité ne peut être subjective, sans quoi un sujet qui affirmerait l'existence de Dieu aurait logiquement tout aussi raison qu'un autre qui la nierait, ce qui est absurde. Et si elle est objective, il faut dire que ce n'est pas la raison individuelle qui est norme de vérité, mais l'objet adéquat de l'intelligence, c'est-à-dire le réel, l'être. La vérité n'est pas conformité de la raison avec elle-même, mais « adéquation de l'intellect et de la *chose* » (saint Thomas). Ainsi, les démocrates, d'après lesquels n'a de valeur morale que ce qui émane des subjectivités, et n'a de légitimité politique que ce qui provient de la volonté générale, sont foncièrement dans l'erreur.

Le second principe de la raison est le principe de causalité : « Il n'y a aucune chose existante pour laquelle on ne puisse demander quelle est la cause, ou raison, pourquoi elle existe » (Descartes, *Discours de la méthode*). En effet, il est manifeste que toute chose — toute chose naturelle en tout cas — a une cause. Par-là, « aucune chose, ni aucune perfection d'une chose actuellement existante, ne peut avoir le néant, ou une chose non existante, pour la cause de son existence » (*ibid.*) ; car le néant, qui par définition n'est rien, ne peut être cause de quelque chose. Ainsi, le plus ne peut avoir le moins pour cause ; sans quoi cela voudrait dire que ce que le plus a en plus du moins, il le tiendrait du néant, ce qui — comme nous l'avons vu — est impossible ; et puisque le moins ne peut causer le plus, une cause ne peut ni donner une qualité qu'elle n'a pas, ni donner en grande quantité ce qu'elle n'a qu'en petite quantité. Par conséquent : le peuple en tant qu'il est une pluralité ne peut donner l'unité à la société politique, contrairement à ce que disent les démocrates ; de mauvais citoyens ne peuvent élire de bons gouvernants ; de mauvais gouvernants ne peuvent promulguer de bonnes lois ; de mauvaises lois ne peuvent que rendre les citoyens mauvais ; etc.

Le troisième principe que nous voudrions rappeler est le principe — peu connu — de non-réductibilité, d'après lequel un tout n'est pas ontologiquement réductible à la somme de ses parties. Il peut être montré de la manière suivante : tout être naturel est une union de matière et de forme. En effet, ce qui est en puissance ne pouvant s'actualiser par ses propres moyens, la matière première (qui n'est que puissance, indétermination) a besoin d'un acte premier que l'on nomme forme substantielle pour être actuée, amenée à l'existence. Toute substance naturelle est donc un composé de matière et de forme, la matière étant son principe premier, absolument indéterminé et demeurant immanent, et la forme, l'acte par lequel elle possède une existence déterminée ; c'est pourquoi l'on parle de « composé hylémorphique » (*hylê* : la matière, et *morphê* : la forme). Ainsi, aucun être naturel n'est réductible à sa seule matière. Or les parties d'un tout sont au tout ce que la matière est à la substance. Partant, il est clair qu'un tout n'est pas ontologiquement réductible à la somme de ses parties ; d'ailleurs, si c'était le cas, une maison équivaudrait à un tas de briques, ou l'homme à un tas de membres, ce qui est absurde ; pour qu'un tout existe, il est nécessaire qu'il y ait un *ordre* dans ses parties. Or, la société politique est elle aussi un tout (bien que non substantiel), les citoyens étant ses membres ; de même pour le Bien commun, dont les biens particuliers sont les parties. Ainsi, une communauté politique n'est pas ontologiquement réductible à la somme des citoyens, ni le Bien commun à la somme des biens particuliers. La démocratie, qui pense ces choses comme étant réductibles à leurs parties, est donc la négation même du principe de non-réductibilité.

Après celui-ci, le principe de totalité est certainement le plus important des principes, du point de vue politique : « Toutes les parties sont ordonnées à la perfection du tout : le tout n'est pas pour les parties, mais les parties pour le tout » (saint Thomas, *Somme contre les Gentils*, III, 112). En effet, la main est faite pour le corps et non l'inverse ; c'est ainsi qu'elle le protège naturellement s'il est attaqué. De même, l'abeille est au service de la ruche, à tel point qu'elle est prête à mourir pour cette dernière. Or l'individu est à la société politique ce que la partie est au tout, puisqu'il en est un membre. Donc tous les citoyens sont ordonnés à la Cité ; la Cité n'est pas pour les citoyens, mais les citoyens pour la Cité. En outre, « le bien de la partie est pour le bien du tout » (saint Thomas, *Somme théologique*, I-II, 109, 3), puisque la partie est pour le tout. Partant, il est clair que tous les biens particuliers sont ordonnés au Bien commun. Nous le voyons bien : le principe de totalité s'oppose foncièrement à l'individualisme démocratique.

Intéressons-nous à présent aux notions fondamentales de Bien commun et de loi civile. La société politique est un tout (un tout non substantiel, certes, mais un tout réel : on parle de tout *moral*). Or, la fin d'un tout, c'est son unité, c'est-à-dire l'unité de ses parties. De là vient que la fin de la société politique, qu'on appelle aussi Bien commun, c'est l'unité de la Cité, ou *amitié* politique (puisque ses membres sont des *personnes*) — et non un quelconque « intérêt général », contrairement à ce que prétendent les démocrates. Mais l'unité n'est possible que s'il y a ordre ; et l'ordre authentique n'est lui-même possible que s'il y a justice. L'État (cause formelle), dont la mission est de poursuivre le Bien commun (cause finale), a donc pour premier devoir de garantir la justice. Or la justice fondamentale est la justice générale, qui consiste en l'ordination des parties au tout. Par conséquent, l'État a le devoir d'assurer l'ordination des citoyens à la Cité. Et la loi est le meilleur moyen pour le pouvoir civil d'assurer cette ordination, car elle est, de tous, le plus conforme à la nature rationnelle de l'homme. C'est pourquoi on appelle la justice générale également justice légale, en référence à la loi, qui la garantit. Et la loi est donc « une ordonnance de la raison pratique, établie et promulguée par le pouvoir civil, en vue du Bien commun » (saint Thomas). La réduire à une « expression de la volonté générale », comme le font les démocrates, c'est la dénaturer.

Passons à la notion de « liberté ». Il est vrai, sous un certain rapport, que « l'État doit garantir la liberté des citoyens » ; mais le terme de *liberté* est équivoque : précisons donc ce que nous entendons par ce mot. Aucun être n'est libre de choisir sa finalité objective, car celle-ci lui est imposée par sa forme. Cependant, les êtres conscients de leur fin sont, par nature, libres de choisir les moyens qui les conduiront à cette fin. La liberté, pour les êtres conscients, est donc la faculté de choisir les moyens en vue de leur finalité. Or un être n'atteint sa finalité objective que par son opération propre, ou finalité formelle, c'est-à-dire par l'opération qui relève de sa forme. Partant, les hommes, dont le constitutif formel est la raison, ne peuvent atteindre leur fin objective que par des actes raisonnables. Est donc « libre » l'homme qui agit raisonnablement, c'est-à-dire vertueusement ; « on est plus libre à proportion qu'on est meilleur », disait justement Maurras. Ainsi, lorsque nous affirmons que « l'État doit garantir la *liberté* des citoyens », il faut entendre la *vertu*, et non « le pouvoir de faire tout ce qui ne nuit pas à autrui » comme le pensent les apôtres de la démocratie.

Il est également vrai, sous un certain rapport, que « l'État doit garantir l'égalité » ; mais, là aussi, le terme d'*égalité* mérite d'être bien compris. L'égalité est soit stricte, soit proportion-nelle ; la première est dite « arithmétique », la seconde « géomé-trique ». Or, l'égalité arithmétique est le fruit de la justice com-mutative (qui concerne les rapports des citoyens entre eux) ; et l'égalité géométrique, celui de la justice distributive, qui est le fait, pour une autorité, de rendre à chacun ce qui lui est dû. L'égalité proprement politique, celle que l'État se doit de garan-tir, c'est donc l'égalité géométrique, et non l'égalité arithmé-tique. Là encore, nous constatons que les chantres de la démo-cratie moderne sont dans l'erreur.

Enfin, intéressons-nous au problème de la souveraineté politique. Qui est souverain dans la Cité ? Le chef d'État ? ou le peuple ? ou les deux en même temps ? Pour le savoir, il faut se rappeler quelles sont les causes efficientes de la société poli-tique ; car, là où est la cause efficiente, là sont la puissance et la souveraineté. La cause efficiente *entitative* (qui relève de l'acte premier) de la société politique est la nature sociale et politique des citoyens ; mais la cause efficiente *opérative* (qui relève de l'acte second) de la Cité est l'autorité politique (qui est substan-tiellement une, puisque sa fin naturelle est d'unifier, et qu'une cause efficiente ne peut donner que ce qu'elle a). De là vient que tous les citoyens, parce qu'ayant une nature sociale et politique, détiennent *potentiellement* le pouvoir politique — c'est d'ailleurs pour cette raison que ce pouvoir appartient à quiconque le prend, pourvu qu'il recherche le Bien commun — ; mais un seul d'entre eux le détient *actuellement* : le chef d'État — qui est l'incarnation de l'autorité politique. Par-là, seul le chef d'État est souverain de fait ; et il l'est de droit s'il poursuit le Bien commun de la Cité. Certes, il est préférable (dans la mesure du possible) qu'il fasse participer l'élite (s'il y en a une), voire l'ensemble des citoyens, à la poursuite active du Bien commun, puisque tous les hommes ont une nature sociale et politique et donc une aspiration légitime à prendre part — d'une manière ou d'une autre — à la chose de la Cité ; il n'empêche que le chef d'État est le seul détenteur de la souveraineté politique ; le peuple en tant que peuple n'est aucunement souverain.

Les fondements philosophiques de la démocratie moderne

Après avoir rappelé les grands principes de la philosophie politique, il est temps d'analyser les fondements philosophiques de la démocratie moderne. « Petite erreur dans les principes, grande erreur dans les applications » nous dit l'Aquinate ; si cela est vrai en théologie et en philosophie, cela l'est *a fortiori* en politique : nous allons en avoir la preuve.

Commençons par le subjectivisme de Kant, qui est le premier fondement du démocratisme moderne. Voici (très brièvement) résumée l'épistémologie kantienne : le passage du « phénomène » au « noumène » (c'est-à-dire du sensible à l'intelligible) est rigoureusement impossible, le noumène étant au-delà de l'expérience ; pourtant, nous pensons à partir de concepts qui s'identifient à ces noumènes ; c'est donc que notre entendement possède des « catégories subjectives », qui permettent de nous représenter ces noumènes, de nous en faire une idée. Par-là, ce que la raison doit chercher à connaître, ce ne sont pas les catégories de l'être, mais ses propres catégories ; son objet n'est pas le réel mais la représentation, ou idée, qu'elle s'en fait (sans aucun rapport à lui). Ainsi, le principe de la vérité n'est nullement le réel, mais la raison subjective. Et dans ces conditions, n'a logiquement de valeur morale que ce qui émane du sujet, et n'a de légitimité politique que ce qui provient de la volonté générale (ou volonté de la majorité) : la démocratie devient, en fin de compte, *la seule* forme de gouvernement authentiquement légitime. Le problème de Kant est qu'il a méconnu le fonctionnement de la raison ; et plus précisément, il a ignoré le processus fondamental de la connaissance humaine, qui est le processus de l'*abstraction* — c'est-à-dire le passage de la connaissance sensible à la connaissance intellectuelle, de la perception du singulier à la conception de l'universel — ; en effet, c'est en voyant plusieurs tables que nous parvenons à en tirer ce qu'elles ont de commun ; de même, c'est en percevant des arbres que nous arrivons à en extraire la nature, l'essence. La première opération de l'esprit — à savoir la simple appréhension des quiddités — se réalise grâce à l'abstraction. Le fondement de la démocratie moderne, à savoir le subjectivisme kantien, est donc philosophiquement irrecevable.

Après le subjectivisme vient l'évolutionnisme matérialiste philosophique. Les penseurs évolutionnistes du XIXe siècle (principalement Marx et Comte) ont été fortement influencés par la « théorie de l'évolution » de Darwin. Leur idée fondamentale, si l'on devait la formuler en termes métaphysiques, est que la puissance s'actualise elle-même. Par-là, l'être sortirait du néant, et le plus sortirait du moins ; une pluralité pourrait se donner à elle-même l'unité, et des citoyens médiocres pourraient voter de bonnes lois. De surcroît, tout le réel, tout l'être, ne serait que matière ; or la matière ne peut être déterminée que par la forme ; cette matière évoluerait donc perpétuellement (puisqu'indéterminée et par-là infinie), et cette évolution serait dialectique, c'est-à-dire qu'elle consisterait en une suite d'oppositions (d'où le « matérialisme dialectique » de Marx). Et ainsi, le progrès social n'aurait pas de limite, et serait à lui-même sa propre fin (Comte). Mais le principe de l'évolutionnisme est erroné, c'est-à-dire inadéquat au réel : en effet, il est impossible que la puissance s'actualise elle-même, car le passage de la puissance à l'acte, ou mouvement, n'est réalisable que s'il y a moteur — ce qui, au reste, relève du bon sens. Nous voyons encore une fois que la démocratie est fondée sur des erreurs philosophiques.

Passons à présent au réductionnisme. Ce dernier consiste dans la théorie selon laquelle tout être se réduit, ou est en principe réductible, à un ensemble d'entités de base. Pour ses partisans, La Mettrie en tête, un tout est donc réductible à la somme de ses parties. Et, dans ces conditions, la société serait réductible à la somme de ses membres, le bien commun à la somme des biens particuliers, et toute souveraineté divisible en autant de parts qu'il y a de citoyens. Mais, en réalité, si un être est mathématiquement (soit du point de vue de la quantité) réductible à un ensemble d'entités, cela n'est pas vrai ontologiquement (soit du point de vue de l'être) ; car réduire un être aux entités qui le composent, c'est le réduire à sa matière, et c'est donc omettre sa forme. Pour qu'il y ait un tout, il est nécessaire qu'il y ait des parties, mais aussi un ordre dans ces parties. La société politique n'est donc pas réductible à la somme des citoyens ; ni le bien commun aux biens particuliers ; ni la souveraineté en parts égales. Là encore, nous constatons que le démocratisme est fondé sur des principes erronés.

L'individualisme théorique est également l'un des fondements de la démocratie moderne. Et cet individualisme est lui-même fondé sur deux théories : celle du « Contrat social » et celle des « Droits de l'Homme ».

Abordons tout d'abord le problème du Contrat social. Pour Hobbes comme pour Rousseau, l'homme n'est pas naturellement social et politique. Les hommes auraient donc vécu seuls, dans un hypothétique « état de nature » ; mais ils se seraient finalement liés par un pacte, afin d'améliorer leurs conditions de vie ; ce pacte, c'est le « Contrat social ». C'est lui qui serait le fondement de toute communauté politique. D'après Hobbes, il aurait pour fin essentielle de protéger la sécurité de chaque individu (la forme de gouvernement idéale étant alors une monarchie absolue, ou « tyrannie bienveillante ») ; d'après Rousseau, non pas la sécurité, mais la liberté (d'où sa préférence, en théorie du moins, pour la démocratie). Mais la conséquence est la même dans les deux cas : si les hommes se sont volontairement unis en communauté, pour l'intérêt de chacun, alors ce n'est plus l'individu qui est au service de la société, mais la société qui est au service de l'individu ; et c'est là précisément la définition de l'individualisme. Le problème est que ces philosophes ont méconnu la nature humaine. La première spécificité de l'homme est le langage ; mais à quoi peut bien servir le langage sinon à communiquer avec autrui ? Par ailleurs, l'homme n'est pas aussi protégé par la nature que les autres animaux (il n'a ni corne, ni griffe, ni vélocité dans la fuite...) et naît incapable de subvenir à ses propres besoins, demeurant tel jusqu'à un âge relativement avancé. C'est donc qu'il a besoin d'une première société qu'on appelle famille pour survivre (du moins dans sa jeunesse). Partant, l'homme est naturellement social. Mais les besoins de l'homme sont loin de s'arrêter là. En effet, la famille a besoin de corps intermédiaires pour survivre, et ces derniers, d'une société supérieure qui les organise : la société politique. De plus, l'homme étant un animal raisonnable, il recherche non seulement à *survivre* mais aussi et surtout à *bien vivre* : l'homme en tant qu'homme ne peut s'accomplir que dans le cadre d'une société qui, dans un premier temps, contribue à son instruction et à son éducation, et dans un second temps, lui donne l'occasion de transmettre son savoir (le bien spirituel étant fait pour être communiqué) et de pratiquer la vertu ; et cette société, ce ne peut être que la société politique. L'homme est, par nature, social et politique. C'est donc bien lui qui est ordonné à la société politique, et non l'inverse, puisqu'il en fait naturellement partie.

À présent, penchons-nous sur la question des Droits de l'Homme. Cette théorie, on la doit à Locke ; la Déclaration des droits de l'homme et du citoyen (1789) et la Déclaration universelle des droits de l'homme (1948) en sont, comme tout le monde le sait, les textes de référence. D'après cette théorie, tous les hommes, parce que possédant la même dignité, auraient des droits subjectifs naturels (ou « fondamentaux »). Le premier devoir de la société serait de garantir ces droits ; par-là, ce n'est plus l'individu qui serait au service de la société, mais c'est — là encore — la société qui serait au service de l'individu. Et un gouvernement serait donc d'autant meilleur qu'il protégerait les droits individuels. Mais cette théorie des droits de l'homme n'a aucun fondement réel. *Primo*, si les hommes ont tous la même dignité entitative, ontologique, ils n'ont en revanche pas la même dignité opérative, ou morale : c'est non par notre nature mais par ce que nous en faisons que nous grandissons en dignité (cf. Parabole des talents). *Secundo*, le droit est l'objet de la justice, ou fait de rendre à chacun ce qui lui est dû. Par conséquent, le droit est quelque chose d'objectif ; ou, pour être plus précis, il est essentiellement objectif (puisque consistant en une relation), et n'est qu'accidentellement subjectif (dans la mesure où il concerne tel ou tel sujet). *Tertio* — mais c'est là un argument *ad hominem* —, on ne peut avoir (accidentellement) un droit que si quelqu'un a un devoir envers nous (par exemple, l'employé n'a un droit à la rémunération que dans la mesure où son employeur a le devoir — en justice — de le rémunérer) ; donc, qui dit droit dit devoir, ce que les adeptes de la théorie des Droits de l'Homme semblent bien souvent négliger… Cette théorie des droits de l'homme n'est donc pas recevable. Et, une fois de plus, nous en concluons — contre l'individualisme — que l'individu est bien au service de la société politique, et non l'inverse.

Refermons ce chapitre sur l'individualisme, et intéressons-nous maintenant à la notion de « volonté générale » et à la conception démocratique de loi civile — qui en découle. Les démocrates définissent la volonté générale comme « l'accord des volontés d'une population pour un objectif ou un désir commun » (dans les faits, la volonté générale n'est que la volonté de la majorité, qui correspond bien souvent à 50,1 % de la population votante…). Celle-ci est considérée par eux comme le seul critère du vrai (si une grande quantité d'individus pense qu'une chose est vraie, alors cette chose doit être tenue pour vraie) ; ainsi, la fin de la société n'est plus objective, mais déterminée par la volonté générale (c'est la raison pour laquelle les démocrates préfèrent parler d'*intérêt général* — intérêt relativement arbitraire, purement matériel et se réduisant à une somme d'intérêts particuliers — plutôt que de *Bien commun*) ; et dans ces conditions, la loi n'est plus une ordonnance de la raison pratique promulguée par le pouvoir civil en vue du Bien commun, mais elle est « l'expression de la volonté générale » (article 6 de la DDHC), soit, concrètement, l'expression de la volonté du plus grand nombre. Or, « quiconque refusera d'obéir à la volonté générale y sera contraint par tout le peuple ; ce qui ne signifie autre chose sinon qu'on le forcera d'être libre » (Rousseau) ; ainsi, tout régime démocratique devient inévitablement la tyrannie de la majorité sur la minorité. Alexis de Tocqueville, pourtant bien connu pour ces positions libérales, le fit justement remarquer dans son livre *De la démocratie en Amérique* : « La démocratie, en même temps qu'elle nuit singulièrement à la bonne conduite des affaires, fonde le despotisme de la majorité. » La volonté générale revêt naturellement un aspect totalitaire (au mauvais sens du terme). Mais surtout, la doctrine qui fait de cette volonté générale le principe de la légitimité politique n'est fondée sur rien de rationnel : en quoi l'objet du vouloir de la majorité serait-il nécessairement bon ?

La démocratie se base par ailleurs sur une fausse conception de la liberté. Rousseau nous dit en substance que l'on forcera celui qui refuse d'obéir d'être libre : mais qu'est-ce qu'être « libre », pour lui, et plus généralement pour les philosophes modernes ? Ces derniers nient le principe de finalité. Ils estiment donc que l'homme n'a aucune fin objective, mais que c'est à chaque homme de choisir sa propre fin. Dans ces conditions, la liberté devient théoriquement le pouvoir de faire tout ce que l'on veut. Le problème est que, dans les faits, et plus particulièrement dans le cadre de la société politique, une telle liberté n'est pas envisageable (sans quoi, celui qui se serait fixé pour fin d'égorger le plus de monde possible serait libre de se livrer à cette activité sympathique...). La liberté consiste donc, pour les démocrates, « à faire tout ce qui ne nuit pas à autrui » (article 4 de la DDHC) ; et ainsi : « La liberté des uns s'arrête là où commence celle des autres » (John Stuart Mill). Il est alors permis d'agir à sa guise, du moment que les autres n'y voient pas trop d'inconvénients. Or, cette conception erronée de la liberté est l'essence même du libéralisme. La démocratie moderne est donc, par nature, libérale.

De surcroît, la démocratie moderne se base sur une conception erronée de l'égalité. Cette liberté sans réelle limite pose quelques problèmes de conscience aux « démocrates de gauche » (expression qui est d'ailleurs un pléonasme, puisque le premier principe du démocratisme est que le sujet est la seule règle du vrai, ce qui est la substance de la pensée de gauche). En effet, si ces inconditionnels de la justice sociale respectent la liberté de ceux qui font grève jusqu'à paralyser le pays, occupent illégalement des universités ou des domaines privés, s'en prennent aux forces de l'ordre et détériorent des agences bancaires ou des commerces, ils s'indignent en revanche — et ici légitimement — du fait que certains, profitant du système libéral, puissent s'enrichir considérablement tandis que d'autres meurent de faim. D'où cette grande importance que les démocrates de gauche donnent à l'égalité des citoyens — non seulement devant la loi, mais aussi et surtout entre eux (la fameuse « égalité des chances ») ; une égalité qu'ils conçoivent non plus comme géométrique, mais comme strictement arithmétique. Or, cette conception erronée de l'égalité est l'essence même de l'égalitarisme. La démocratie moderne est donc, par nature, égalitariste.

Enfin, le démocratisme est fondé sur le principe de « souveraineté populaire » : la doctrine de la souveraineté populaire identifie comme souverain (c'est-à-dire comme dépositaire de l'autorité politique) le peuple, au sens de l'ensemble de la population, la somme de tous les individus (par opposition à la nation, corps abstrait). Dans le *Contrat social*, Rousseau explique que chaque citoyen, parce qu'étant à la cause de la société politique, détient une part de souveraineté. Ainsi le dépositaire de la souveraineté est le peuple, considéré comme la totalité concrète des citoyens détenant chacun une fraction de cette souveraineté. Cette doctrine implique le suffrage universel, puisque chaque individu détient une part de souveraineté. La faculté d'élire est donc un droit. De même, le droit au référendum découle de la souveraineté populaire. Mais, le peuple ne pouvant gouverner, il est obligé d'élire des mandataires, à qui il donne soit un mandat impératif (où il dicte les décisions à prendre par référendums) soit un mandat représentatif (où l'élu est toujours censé représenter son électeur mais avec une très grande marge de manœuvre dans l'exercice du pouvoir). Dans ces conditions, tout ce que voteront, exécuteront ou jugeront ces mandataires sera considéré comme exprimant la volonté du peuple (c'est-à-dire, en réalité, la volonté du plus grand nombre) et comme nécessairement juste ; en découle la primauté de la Loi (celle-ci ne peut être remise en cause — même si elle ne poursuit pas le Bien commun). Mais voilà : le fondement du « principe de souveraineté populaire » est faux. Ou plutôt, il est inexact. En effet, ce n'est pas le citoyen qui est cause efficiente de la société, mais sa nature sociale et politique ; et encore ne s'agit-il que de la cause *entitative* de la société ; car sa cause *opérative*, c'est l'autorité politique (il n'y a d'action *commune*, *unifiée*, que s'il y a principe *unificateur*).

L'Église et la doctrine démocratique de la souveraineté populaire

Il n'est pas inopportun de rappeler que **la doctrine démocratique de la souveraineté populaire a été formellement condamnée par la Sainte Église, en raison de son opposition à la doctrine catholique** ; citons saint Pie X, dans sa *Lettre sur le Sillon* : « En politique, le Sillon n'abolit pas l'autorité ; il l'estime, au contraire, nécessaire ; mais il veut la partager, ou, pour mieux dire, la multiplier de telle façon que chaque citoyen deviendra une sorte de roi. L'autorité, il est vrai, émanerait de Dieu, mais elle résiderait primordialement dans le peuple et s'en dégagerait par voie d'élection ou, mieux encore, de sélection, sans pour cela quitter le peuple et devenir indépendante de lui ; elle serait extérieure, mais en apparence seulement ; en réalité, elle serait intérieure, parce que ce serait une autorité consentie. […] Ainsi, le Sillon place primordialement l'autorité politique dans le peuple, de qui elle dérive ensuite aux gouvernants, de telle façon cependant qu'elle continue à résider en lui. Or, **Léon XIII a formellement condamné cette doctrine dans son Encyclique *Diuturnum illud* du Principat politique, où il dit : "Des modernes en grand nombre […] déclarent que toute autorité vient du peuple ; qu'en conséquence ceux qui exercent le pouvoir dans la société ne l'exercent pas comme une autorité propre, mais comme une autorité à eux déléguée par le peuple et sous la condition qu'elle puisse être révoquée par la volonté du peuple de qui ils la tiennent. Tout au contraire est le sentiment des catholiques, qui font dériver le droit de gouverner de Dieu, comme de son principe naturel et nécessaire."** Sans doute le Sillon fait descendre de Dieu cette autorité qu'il place d'abord dans le peuple, mais de telle sorte qu'"elle remonte d'en bas pour aller en haut, tandis que, dans l'organisation de l'Église, le pouvoir descend d'en haut pour aller en bas" (Marc Sangnier, Discours de Rouen, 1907). Mais, outre qu'**il est anormal que la délégation monte, puisqu'il est de sa nature de descendre**, Léon XIII a réfuté par avance cette tentative de conciliation de la doctrine catholique avec l'erreur du démocratisme. Car il poursuit : "Il importe de le remarquer ici : **ceux qui président au gouvernement de la chose publique peuvent bien, en certains cas, être élus par la volonté et le jugement d'un grand nombre, sans répugnance ni opposition avec la doctrine catholique. Mais si ce choix désigne le gouvernant, il ne lui confère pas le pouvoir de gouverner […], mais il désigne la personne qui en sera investie."** »

VI. De la démocratie (suite et fin) : les vices chroniques de la démocratie

De même qu'un arbre se juge à ses fruits, « une politique se juge par ses résultats » (Maurras). Les vices chroniques de la démocratie témoignent de la corruption intrinsèque de ce régime. Ils sont d'ailleurs extrêmement variés. Nous reprendrons — en partie — ceux qu'expose l'abbé Chazal dans *La Cité oubliée*.

Des vices graves et nombreux

Individualisme effectif : toute société démocratique est *effectivement* individualiste. La cause en est que, dans ces sociétés, on a une conception erronée de la liberté : il apparaît aux démocrates que la liberté, c'est de faire tout ce que l'on veut (du moment que cela ne nuit pas à autrui). De sorte que, dans une démocratie, chacun vit égoïstement, sans se soucier du Bien commun.

Manque d'unité : « De toutes les autorités, celle à laquelle le peuple obéit le moins, ou d'une manière très versatile, c'est lui-même » disait Antoine de Rivarol. La démocratie est toujours à la source de beaucoup de disputes. Et il est rigoureusement impossible que le peuple se donne lui-même l'unité, puisqu'il est, par nature, une pluralité sans unité.

Instabilité : c'est un défaut directement lié au manque d'unité. Dès que les opinions et les intérêts individuels sont trop divergents, rien ne peut leur interdire de s'entrechoquer. D'autant plus que le fameux principe d'alternance démocratique empêche tout gouvernement d'être stable. Un régime démocratique est un régime de changement perpétuel.

Inefficacité : ce vice découle du précédent. En effet, puisqu'un gouvernement ne reste jamais longtemps au pouvoir, il ne peut mener de politique à long terme. Et l'approche des élections dissuade souvent les gouvernants, qui désirent être réélus, de prendre des mesures impopulaires, même si elles se révèlent nécessaires.

Mauvaise dialectique : le régime des partis est nécessairement un régime dialectique (au mauvais sens du terme) : les partis sont par nature concurrents et donc opposés, voire ennemis. Rares sont les démocraties où, même en temps de crise, ils arrivent à s'entendre.

Confusion : une pluralité sans ordre est une confusion. Le peuple, qui n'est par définition qu'une somme d'individus, en est donc une. C'est pourquoi on assiste au tiraillement perpétuel de forces particulières que même l'intérêt général ne peut jamais taire, parce qu'il n'y a personne pour représenter l'entité commune.

Réduction idéologique : même les démocrates s'entendent à croire qu'une foule est incapable de délibérer ; le peuple ne sait ce qu'il veut que lorsqu'on l'a deviné pour lui. Ceux qui parlent de Liberté et d'Égalité à la foule savent donc parfaitement ce qu'ils font : ils savent que celle-ci ne pourra qu'adhérer à de tels « idéaux » (« idéaux » qui n'en sont pas, et au nom desquels on a commis bien des atrocités).

Manipulation : « La manipulation consciente et intelligente des habitudes organisées et des opinions des masses est un élément crucial des sociétés démocratiques », disait Edward Bernays (le neveu de Sigmund Freud). En effet, c'est chose facile qu'une multitude soit manipulée par un petit nombre. Rien n'est plus variable que l'opinion des gens, surtout si l'on sait que la plupart « jugent » (mais peut-on parler de « jugement » ?) selon les apparences.

Démagogie : toute démocratie est une démagogie. Car, même si la souveraineté appartient au peuple, ce sont, concrètement, ses manipulateurs qui gouvernent. Il n'est pas très compliqué pour eux d'accéder au pouvoir, puisque l'opinion publique (qu'ils contrôlent) est le levier qui effectue, en principe, la désignation des hommes de pouvoir.

Corruption des démagogues : un démocrate n'est pas lié personnellement au Bien commun, comme le monarque, une élite ou le corps des citoyens le sont respectivement dans une monarchie, un régime élitiste ou une politie. Advient une grande facilité, pour celui qui gouverne, de disposer des dispenses publiques ; et la tentation est bien souvent trop forte.

Médiacratie : la médiacratie est au service de la démagogie. Pour que les citoyens puissent « voter correctement », il est important qu'ils soient tenus au courant des affaires publiques, qu'ils soient « informés » (*informare* : donner une nouvelle forme, — en l'occurrence — à l'intelligence). Cette mission est confiée aux « médias », qui sont, par définition, des moyens de propagande.

Bavardage : ce n'est peut-être pas le pire des vices de la démocratie ; mais il en est en revanche le plus chronique : « Dans une démocratie, il y a beaucoup de gens qui parlent, et bien peu de résultats » (Salazar).

Gaspillage : « Ce qui est commis aux mains de plusieurs est d'autant moins assuré que chacun se décharge sur son compagnon », disait Richelieu. Mais dans une démocratie, où le gouvernement change sans arrêt, le fait de laisser filer les dépenses publiques ne gêne que ceux qui auront à éponger plus tard le déficit (à moins d'emprunter, bien sûr). De surcroît, les campagnes électorales coûtent toujours une fortune.

Bureaucratie : l'alourdissement bureaucratique est un phénomène proprement démocratique. En effet, les démocrates aiment tout ce qui peut leur donner une occasion supplémentaire de s'entourer de paperasse, de créer de nouveaux problèmes, à force de commissions, subventions, cotisations, pétitions, comités, expertises, collectifs, syndicats, réunions... et lois qui se multiplient à l'infini.

Technocratie : la technocratie est une conséquence de la présence de plus en plus importante de techniciens et d'experts, auprès des ministres ou des députés, compte tenu du nombre et de la grande complexité des dossiers (aspects économiques, scientifiques, juridiques, etc.). C'est ainsi qu'on ne cherche plus à résoudre les problèmes, mais simplement à les « expliquer » aux citoyens (qui, la plupart du temps, n'y comprennent pas grand-chose).

Dégénérescence inévitable vers l'anarchie

La démocratie organise le dérèglement systématique de l'ordre social ; elle tend donc naturellement à l'anarchie. « La cité démocratique devient progressivement une espèce de monde à l'envers : le père craint son fils. Le métèque est l'égal du citoyen [*et finit par lui devenir supérieur...*]. Le maître craint ses élèves. Les subordonnés se conduisent en chefs. Les bêtes mêmes semblent commander aux hommes. Avec la corruption de la Cité, la bestialité l'emporte peu à peu sur la rationalité. [...] L'homme démocratique se détourne de ses pères et n'écoute que ses désirs » (Platon, *La République*, VIII). Ces paroles n'ont-elles pas quelque chose de quasi prophétique ? L'excès de libertés entraîne, inexorablement, l'anarchie.

La démocratie, un régime essentiellement corrompu

Nous avons montré par une longue série de témoignages à charges, la corruption intrinsèque de ce système démocratique que l'on nous donne aujourd'hui comme unique possibilité d'un gouvernement juste. Nous avons également montré ses causes et ses origines notamment dans le subjectivisme, la théorie du Contrat social et celle des Droits de l'Homme, ainsi que le libéralisme.

Si l'on veut rester objectif, il faut cependant rappeler que la forme de gouvernement dont le régime démocratique est la perversion, à savoir la politie, peut fonctionner à petite échelle. Ainsi, Aristote explique que pour une petite Cité le système serait viable (*Politiques*, VI, 4). En prenant comme conditions *sine qua non* les qualités détaillées auparavant (vertus de prudence et de justice).

Il faudrait en particulier éviter que le suffrage universel ne soit informe, inorganique. Un vote à moyenne ou grande échelle (région, nation…) ne pourrait se faire que de façon indirecte et inégalitaire.

Mais **les fins politiques de ceux qui ont construit et qui gouvernent notre démocratie étant à l'opposé total du Bien commun, nous pouvons affirmer que seuls le renversement du régime démocratique et l'instauration d'un État autoritaire permettront de poursuivre ce même Bien commun.**

VII. Du personnalisme politique : analyse d'un point de vue thomiste et catholique

Nombreux étaient les penseurs catholiques, au milieu du XXᵉ siècle, à chercher une voie médiane entre l'individualisme des démocraties occidentales, et le totalitarisme des régimes communistes.

Jacques Maritain (1882 – 1973) en fit partie.

Et il fut, dans ce sens, l'un des promoteurs de ce que l'on nomme le **personnalisme politique**, notamment dans *Humanisme intégral* (1936), ouvrage qu'il écrivit à l'occasion de la Guerre civile d'Espagne qui opposait républicains et franquistes.

Le personnalisme de Maritain, son mérite et ses limites

Voici, très brièvement résumée, la thèse défendue par Maritain : d'après lui, l'homme en tant qu'individu ou en tant qu'animal serait bien ordonné à la société (contre l'individualisme) ; cependant, l'homme en tant que personne ou en tant qu'être doué de libre arbitre ne le serait pas, mais c'est au contraire la société qui serait à son service (contre le totalitarisme — affirme-t-il —) parce que la personne humaine transcenderait, de soi, l'ordre politique, en raison de sa nature spirituelle.

On peut reconnaître à Maritain d'avoir su rappeler l'authentique dignité de la personne humaine ainsi que sa dimension surnaturelle, à une époque où, il est vrai, elles étaient quelque peu oubliées par la majorité des doctrines politiques, qu'il s'agisse des doctrines libérales ou marxistes.

Néanmoins, deux problèmes se posent dans sa thèse.

Le premier est d'ordre métaphysique : cette division entre individu et personne, qu'effectue Maritain, n'est pas recevable. En effet, dire qu'un sujet est tel en raison de sa matière signée mais n'est pas tel en raison de sa forme, c'est aller à l'encontre du principe de non-contradiction ; car, en effectuant une distinction entre forme et matière signée d'une quantité, on demeure sous le seul et unique rapport de la substance, ces deux principes ne pouvant exister isolément dans la réalité ; si la distinction est légitime, elle ne permet pas de dire du sujet une chose et son contraire. Or, prétendre que l'homme est au service de la société en tant qu'individu mais pas en tant que personne (ou être doué de raison), cela revient à dire qu'il l'est en raison de sa matière signée (puisque l'individuation de la forme s'opère par elle) mais ne l'est pas en raison de sa forme (puisque la raison est la forme de l'homme). Maritain commet donc une erreur métaphysique en effectuant une telle division.

Le second problème est d'ordre politique : concrètement, le personnalisme mène à une synthèse de socialisme et de libéralisme. Il mène au socialisme, dans la mesure où, d'après lui, la seule finalité propre de la société politique est de nature matérielle, raison pour laquelle l'homme en tant qu'individu devrait lui être soumis (dans le domaine économique). En même temps il mène au libéralisme, puisqu'il considère que la société politique est au service de l'homme en tant que personne, en tant qu'être doué de libre arbitre, faisant par-là de la liberté individuelle un absolu. Et ainsi il conduit, lorsqu'il n'est pas chrétien, à cette démocratie social-libérale que nous connaissons aujourd'hui, et dont nous constatons la corruption intrinsèque ; et, lorsqu'il est chrétien, à cette « démocratie chrétienne » — en réalité plus humaniste que chrétienne — qui n'est qu'un rejeton du social-libéralisme.

Réponse thomiste

Quelle réponse donner alors au personnalisme ?

D'après nous, la meilleure qui soit est la réponse réaliste, qui est celle d'Aristote et de saint Thomas d'Aquin.

Puisque l'homme appartient naturellement à une Cité (*Politiques*, I, 2) et que la Cité est un tout (on parle de « tout moral », ou encore de « tout d'ordre »), l'homme est à la société politique ce que la partie est au tout. Or, d'après le principe de totalité, « toutes les parties sont ordonnées à la perfection du tout : le tout n'est pas pour les parties, mais les parties pour le tout » (saint Thomas, *Somme contre les Gentils*, III, 112) ; en effet, la main est faite pour le corps et non l'inverse : c'est ainsi qu'elle le protège naturellement s'il est attaqué ; de même, l'abeille est au service de la ruche, à tel point qu'elle est prête à mourir pour cette dernière. Donc « **l'homme tout entier est ordonné comme à sa fin à la communauté entière dont il fait partie** » (saint Thomas, *Somme théologique*, II-II, 65, 1) ; tout entier, c'est-à-dire individu et personne. Ainsi, tous les citoyens sont ordonnés à la Cité ; la Cité n'est pas pour les citoyens, mais les citoyens pour la Cité.

En outre, « le bien de la partie est pour le bien du tout » (*ibid.*, I-II, 109, 3), puisque la partie est pour le tout. Par conséquent, il est clair que tous les biens particuliers sont ordonnés au Bien commun.

Mais il est à noter qu'en s'ordonnant au Bien commun, l'individu ne nie pas son bien particulier puisque c'est précisément dans le Bien commun — entendu comme le meilleur bien de l'ensemble des membres de la communauté politique — qu'il trouve son bonheur : en effet, le Bien commun consiste essentiellement dans l'amitié politique, qui est la fin naturelle immanente de l'homme. Ce n'est donc pas faire l'apologie du totalitarisme que d'affirmer que l'homme est ordonné à la Cité, mais au contraire promouvoir le bonheur des personnes.

L'essence du totalitarisme, c'est en fait la négation de la nature spirituelle de l'homme ; de sorte que le totalitarisme réduit le bien commun à quelque chose de purement matériel, qui, en tant que matériel, ne peut réellement se partager, et devient donc concrètement le seul bien de l'État (au sens d'institution étatique) ; et qu'il nie l'existence d'une fin humaine transcendante — qu'elle soit naturelle ou surnaturelle —, c'est-à-dire la vocation de l'homme à rejoindre son Créateur.

En revanche, affirmer que l'homme est ordonné à la Cité et qu'il trouve son bonheur dans le Bien commun est tout à fait conforme à la réalité de la nature humaine.

Or, c'est vraisemblablement ce que n'a pas su comprendre Maritain et, plus généralement, l'ensemble des philosophes personnalistes.

La position de l'Église catholique

Mais, nous objectera-t-on, cette position dite « réaliste » ne s'oppose-t-elle pas à l'enseignement de l'Église catholique ? Ne va-t-elle pas à l'encontre de la pensée des papes ? Pie XI déclare en effet : « La Cité est pour l'homme, et non l'homme pour la Cité » (*Divini Redemptoris*, 1937) ; ou encore Pie XII : « Toute société humaine, pour peu qu'on fasse attention à la fin dernière de son utilité, est ordonnée en définitive au profit de tous et de chacun des membres, car ils sont des personnes » (*Mystici Corporis*, 1943).

Nous rejoignons ici l'interprétation qu'en donne Jean Madiran dans son *Principe de totalité* (1963). Ce qu'il faut comprendre de ces textes, c'est précisément que, si l'homme est fait *totus sui* (selon tout lui-même, ou tout entier — individu et personne —) pour la société politique, il ne l'est pas *totaliter* (totalement) car il n'est ordonné de manière totale qu'à Dieu, et à Dieu seul ; de sorte que la société politique est en définitive un moyen — mais un moyen conservant le statut de fin intermédiaire — pour l'homme de parvenir à sa fin ultime transcendante d'être spirituel.

Et cette fin ultime, c'est la contemplation de son Créateur, de Dieu. Une contemplation qui, dans un état de pure nature, eût consisté pour l'âme séparée en une intuition naturelle de Dieu à partir de son propre fond (l'âme humaine ayant été créée à l'image de Dieu) ; et qui, dans notre état, c'est-à-dire dans l'état de l'homme élevé à l'ordre surnaturel, consiste en la vision béatifique, c'est-à-dire en une vision immédiate de Dieu, « face à Face » (1 Co, 13, 12) et « tel qu'Il est » (1 Jn, 3, 2).

VIII. De la violence et de sa légitimité

La société actuelle est une société d'efféminés, d'émasculés, d'invertis.

Dans ces conditions, on comprend aisément que la violence en général, et la violence fasciste en particulier, y soient fort mal vues. Même ceux qui se réclament de la philosophie « réaliste » condamnent la violence, en prétendant qu'elle serait chose essentiellement contre nature.

Cependant, nous croyons qu'il existe une violence naturelle et nécessaire, et donc légitime.

Et c'est précisément ce qu'ici nous voudrions montrer.

Qu'est-ce que la violence ?

Le mot « violence » nous vient du terme latin *violencia*, lui-même issu du verbe *volere*, signifiant « vouloir » et découlant du mot grec *bia* (βια), qui signifie « domination », ou « contrainte », ou encore « **force vitale** » : la violence n'est pas opposée à la force, mais elle est au contraire une espèce de force, une force nécessaire à la vie.

La violence prend de nombreuses formes. Elle peut être physique : la souffrance liée à la maladie, ou celle liée à la mort ; psychologique : la lutte entre raison et passions, entre esprit et matière ; individuelle : la vindicte, l'homicide ; étatique : l'esclavage, la répression et la peine de mort ; militaire : le conflit armé ; etc.

La violence implique toujours une *partie violente* et une *partie violentée*, ou *souffrante*. Le point commun de toutes les formes de violence est le suivant : à chaque fois, *elle consiste, pour la première partie, en l'acte de soumettre la seconde, en brusquant la nature de cette dernière*.

Pour les personnes, cet acte implique, de la part de la partie violente, l'*usage délibéré de la force* ; et, pour la partie souffrante, la *contrainte*, c'est-à-dire une limitation de la liberté — physique, psychologique ou morale.

La violence d'un point de vue naturel : violence de la forme sur la matière

La forme est appelée, par sa nature, à exercer une certaine forme de violence sur la matière en laquelle elle s'anticipe.

En effet, « *quanto magis forma **vincit** materiam, tanto ex materia et forma magis efficitur unum* » (saint Thomas, *Somme contre les Gentils*, II, 68) : plus la forme **se rend victorieuse** de la matière, plus l'unité de la matière et de la forme est parfaite. Il existe donc une violence naturelle de la forme sur la matière. Mais l'unité de deux éléments est le principe de l'amour qui les fait tendre l'un vers l'autre. De sorte que l'amour de la matière pour la forme est mesuré par le degré de négation victorieuse que la forme exerce sur la matière ; l'amour de la femme pour l'homme se mesurera, paradoxalement, au degré de domination que celui-ci exercera sur elle, puisque la femme est analogiquement à l'homme ce que la matière est à la forme. Or celui qui aime trouve son bien dans la possession de ce qu'il aime. Donc il faut dire que la matière est perfectionnée dans son ordre propre de matière par l'acte même d'être violentée. Aussi la violence exercée par la forme sur la matière est-elle non seulement naturelle mais aussi bonne, y compris pour la matière elle-même.

Cela peut se montrer d'une autre manière : comme l'enseigne l'Aquinate dans le *De principiis naturae*, toute génération naturelle suppose trois principes, à savoir la matière prime (*ens in potentia*), la forme (*id per quod fit actu*), et la privation (*non esse actu*) ; mais la matière et la privation se confondent *in re*, bien qu'elles soient distinctes *in ratione*. Or, la privation est négation de la forme. Donc la matière est négation de la forme, quoiqu'en puissance à elle. Et donc la forme est négation de la matière qui pourtant, en tant qu'actuée par la forme, est perfectionnée par cette négation même, ainsi confirmée dans son identité de matière ; ainsi, l'actuation de la matière est sa négation, au sens où l'entend Hegel, son *Aufhebung*, son achèvement — aux deux sens du terme —, comme le papillon qui accomplit la chrysalide dans l'acte de la nier, qui lui donne sa perfection ultime dans l'acte de la violenter. Même conclusion que pour le raisonnement précédent : il existe une violence naturelle et bonne.

Aussi la forme domine-t-elle la matière aux deux sens du terme : elle l'assume, et en même temps elle exerce sur elle une certaine violence ; elle la soumet, c'est-à-dire qu'elle la met à la fois sous sa protection et son autorité.

La violence d'un point de vue métaphysique : existence d'un « négatif non peccamineux »

Puisque la forme domine la matière, et que la forme est à la matière ce que l'acte en général est à la puissance, ou l'être en tant qu'être au néant, il faut dire que l'être exerce lui-même une forme de domination sur le néant, par-là qu'il possède le néant que cependant il réprouve.

Comme l'explique Hegel dans sa *Logique*, l'être, pour être totalement être, doit intérioriser le néant qu'Il nie, doit avoir le non-être qu'Il n'est pas ; sans quoi il y aurait — paradoxalement — quelque chose en dehors de l'être, ce qui serait absurde.

Aussi, le Bien dans sa plénitude ou infinité doit-il commencer par intérioriser le fini pour en être victorieux. En d'autres termes, Dieu, qui est l'Infini actuel, est victoire sur la finitude qu'il assume.

De même, pour que le mal ne soit pas un échec de l'essence divine, il faut affirmer que cette dernière l'assume en quelque sorte — sinon lui, à tout le moins l'énergie polémique (ou irascible vertueux) dont le mal est la mémoire peccamineuse — afin de pouvoir le sublimer. Et cela, en positivant cette énergie polémique, par négation de ce qu'elle avait d'inconvertible en bien.

Aussi existe-t-il un négatif naturel, ou *négatif non pecca-mineux.*

Et ce négatif, lorsqu'il est actualisé, se nomme violence.

La violence d'un point de vue théologique : conséquence per accidens *du péché originel*

De ce que nous avons établi, il suit que la nécessité pour l'homme de lutter contre ses appétits inférieurs, la souffrance de la maladie et la mort, ainsi toutes les choses qui relèvent de la lutte entre l'esprit et la matière, ne sont pas des conséquences *par soi* du péché originel, mais des conséquences *par accident* ; c'est-à-dire qu'elles auraient eu toute leur place dans un état de pure nature non peccamineux (seulement, elles auraient été probablement moins pénibles). Et la preuve en est que Notre Seigneur et la Vierge Marie les ont eux-mêmes connues : tous deux ont dû lutter contre leurs appétits inférieurs (un pouvoir despotique sur ses passions n'exclut pas la lutte, mais garantit simplement la victoire), tous deux ont dû souffrir, et tous deux ont dû mourir (quoique la mort de la Vierge ait été paisible et douce).

Quant à la domination du plus fort sur le plus faible — de l'animal fort sur l'animal faible, du chef sur le subordonné, de l'homme sur la femme, du maître sur le serviteur —, elle n'est aucunement une conséquence du péché originel, mais au contraire une chose naturelle et légitime qui existait même dans le Paradis terrestre (contrairement à ce que pensait saint Augustin) ; c'est la domination irrationnelle, l'esclavage, qui est une conséquence de la faute adamique, mais non la domination en tant que telle.

Or, c'est bien l'opinion de saint Thomas (*Somme théologique,* I, 96) ; et c'est aussi la vision authentiquement hégélienne et fasciste de la vie humaine. Pour saint Thomas, c'est une certitude que, dans l'état d'innocence, une lutte naturelle (*naturalis discordia*) régnait déjà entre les espèces animales — sinon entre les races humaines, puisqu'il n'y avait alors qu'une race — avec toute la souffrance que cela entraîne pour les plus faibles, voués à être éliminés par les plus forts. Le loup qui, dans le Jardin d'Éden, dévore déjà l'agneau, chante à sa manière la Gloire de Dieu : la férocité sanglante du premier, autant que la douceur ensanglantée du second, expriment tous deux la prodigieuse richesse de la divine essence, capable d'assumer superlativement des perfections radicalement contraires.

Et si le tragique physique fait partie intégrante de la création, souverainement bonne, il en va *a fortiori* de même du tragique moral, à savoir de la domination du fort sur le faible parmi les hommes, de la guerre (qui a pour principe le désir naturel des cultures à s'universaliser) et de la domination des cultures supérieures sur les cultures inférieures (et si la guerre et cette forme spécifique de domination n'existaient pas au Paradis terrestre, c'était par don gratuit) ; toutes choses qui illustrent quelque chose de l'essence divine.

Si Hegel a fondé la philosophie du fascisme, nous croyons que saint Thomas lui a préparé la voie.

La violence d'un point de vue physique : naturalité de la souffrance et de la mort

La souffrance liée à la maladie et la mort sont naturelles, à la fois quant à leur cause et quant à leur raison suffisante.

Quant à leur cause, car la cause en est la corruption du corps, et que cette dernière est naturelle : il est en effet dans la nature de ce qui est matériel de finir par se corrompre et par se décomposer.

Quant à leur raison suffisante, car, de même que la forme doit se faire victorieuse de la matière pour être pleinement forme, de même l'esprit doit-il se libérer progressivement de la contrainte du corps matériel pour être pleinement esprit, jusqu'à la mort, qui le libère définitivement de cette contrainte.

Après la Résurrection des corps, le corps uni à l'esprit sera tout spirituel : « La parfaite béatitude, qui consiste dans la vision de Dieu, est le fait ou bien d'une âme sans corps, ou bien d'une âme unie à un corps non plus animal, mais spirituel » (saint Thomas d'Aquin, *Somme théologique*, I-II, 4, 7).

L'homme, dans un état de pure nature non peccamineux, eût été appelé à souffrir et à mourir.

La violence d'un point de vue psychologique : naturalité de la lutte entre esprit et matière

« Les dons préternaturels, tout aussi gratuits que la grâce, n'étaient pas nécessaires pour "équilibrer" l'homme. Ils le dispensaient seulement d'avoir à lutter pour actualiser toutes les potentialités de sa nature. L'homme intègre, avec ou sans la grâce, mais dépourvu de ces dons, aurait eu vocation à coopérer librement par son irascible et sa volonté à la maîtrise de ses appétits inférieurs, lesquels, naturellement, sans qu'il y ait péché, tendent à se soustraire au magistère des appétits supérieurs » (Joseph Mérel, *Désir de Dieu et Organicité politique*, Annexe 1).

C'est l'effet du « négatif non peccamineux » déjà évoqué plus haut : il est définitionnel de la forme, et de l'acte en général, de l'être en tant qu'être, de se faire victorieux de leur négation — la matière pour la forme, la puissance pour l'acte, le néant pour l'être — en laquelle ils s'anticipent, et ainsi de faire se renier ce en quoi ils se niaient.

Mais, dans un état de pure nature non peccamineux, cette victoire du *thumos*, c'est-à-dire de l'irascible et de la volonté, sur les appétits inférieurs, se fût accomplie naturellement — quoique non sans lutte — avec la joie liée à l'exercice de la force sûre d'elle-même telle une souffrance consentie parce qu'immédiatement convertie en jubilation, et même désirée et voulue en tant que source certaine de joie.

Là où le stoïcisme a raison, c'est précisément lorsqu'il affirme la nécessité, pour l'homme, de se faire violence, de réprimer — la répression est une forme de violence — ses appétits inférieurs.

Et la pratique du sport, en particulier des sports violents, tels que les sports de combat, aide à l'exercice de cette violence sur soi. On a souvent reproché au fascisme de rendre un culte au corps, à cause de son apologie de l'activité sportive. Mais il y a erreur : car l'activité sportive bien comprise permet la culture de l'irascible ; la culture de l'irascible permet l'endurcissement de la volonté ; et l'endurcissement de la volonté permet la domination de l'esprit sur le corps. Pour se détacher de son corps, il est paradoxalement nécessaire de l'entretenir ; car la forme n'est victorieuse de la matière qu'en l'assumant (et, pour la même raison, l'homme ne parvient réellement à soumettre sa femme qu'en l'aimant d'un amour authentique).

Aussi l'homme doit-il violenter son corps, ainsi que ses appétits inférieurs — c'est-à-dire les appétits qui proviennent de ce même corps.

Et cela correspond bien à l'enseignement de Notre Seigneur Jésus-Christ : « Le Royaume des Cieux appartient à ceux qui se font violence » (Mt, 11, 12).

La violence d'un point de vue moral : duel, légitime défense et juste vindicte

Puisqu'il existe une lutte naturelle et bonne, nous croyons que le duel, c'est-à-dire la confrontation physique d'homme à homme, peut, en certains cas, être justifié, et même être nécessaire. Le duel est juste si la raison en est la défense de notre honneur, lorsque ce dernier a été bafoué *injustement* (par exemple, si l'on a été calomnié par quelqu'un) ; seulement, il ne doit pas aller jusqu'à l'homicide, car la réparation juste consiste en l'humiliation de celui qui nous a injustement humilié, et non en la suppression de sa vie. Et le duel est non seulement juste mais aussi nécessaire lorsque c'est l'honneur d'une personne dont nous avons la charge qui a été bafoué, et que cette personne n'a pas la capacité de se défendre (par exemple, si l'honneur de notre épouse a été sali).

L'homicide volontaire n'est, il est vrai, jamais justifiable ; sauf en cas de légitime défense, mais alors il n'est pas proprement *volontaire* (ce n'est pas la mort de l'autre en tant que telle que l'on veut, mais la préservation de sa propre vie, ou celle de celui qui est attaqué et que l'on défend). Le seul homicide permis est donc l'homicide qui relève de la légitime défense.

En revanche, il existe une vindicte légitime : lorsque quelqu'un nous a fait un tort sans que l'on ait pu se défendre, il n'est en soi pas interdit — si l'individu fautif ne consent à réparer sa faute — de lui causer le même tort (c'est la Loi du Talion : « œil pour œil, dent pour dent »). Toutefois, le péché originel fait que, bien souvent, la vindicte revêt un caractère irrationnel à cause de l'émotion ; il est donc préférable, de manière générale, de faire appel à une autorité compétente pour régler le litige. Mais, lorsqu'il n'y a aucune autorité, alors on peut se faire justice soi-même, à condition de le faire rationnellement.

« On annule une violence par une violence » (Hegel, *Principes de la philosophie du droit*). Car une violence mauvaise, ou contraire à l'ordre naturel, ne peut être réparée que par une autre violence qui remette les choses en ordre, ainsi par une violence conforme à la nature, et donc bonne. De même que la violence de la matière, qui tend à se soustraire au magistère de la forme, ne peut être contrée que par la violence et la victoire de la forme sur la matière, de même la violence peccamineuse ne peut-elle être réparée que par une autre violence, qui, en tant qu'opposée à la première, est non peccamineuse et juste.

Il y a donc une violence individuelle parfois moralement permise ; une violence qui ne consiste pas à « rendre le mal pour le mal », mais, au contraire, à réparer un mal subi.

La violence d'un point de vue politique : légitimité de la domina-
tion de l'homme sur l'homme, de la violence d'État, de la guerre et
de la colonisation

Voici comment Aristote justifie la domination de l'homme
sur l'homme que saint Thomas soutiendra à sa suite : « L'autorité et l'obéissance ne sont pas seulement choses nécessaires ;
elles sont aussi choses bonnes. Quelques êtres, du moment
même qu'ils naissent, sont destinés, les uns à obéir, les autres à
commander, bien qu'avec des degrés et des nuances très diverses
pour les uns et pour les autres » (*Politiques*, I, 2. De l'esclavage).
Et cette domination, qui est naturelle, a bien quelque chose de
violent, dans la mesure où elle contraint les inférieurs à se soumettre aux supérieurs, et par la force, s'il le faut.

En outre, pour assurer l'ordre civil — qui est l'une des trois
constituantes du Bien commun, avec la justice et l'amitié politique —, il est nécessaire que l'État soit en mesure d'exercer une
certaine violence : d'une part, une violence contre les ennemis
intérieurs, à savoir les délinquants, les criminels, ou encore les
séditieux ; d'autre part, une violence contre les ennemis extérieurs, à savoir les États antagonistes. La première forme de violence est exercée par la police et l'institution judiciaire, et peut
aller de la simple répression à la peine de mort. Cette dernière a
deux finalités : d'une part, punir celui qui a très gravement fauté
contre le Bien commun (le meurtrier par exemple) : c'est donc
une forme de vindicte, mais à l'échelle collective ; d'autre part,
prévenir ceux qui seraient tentés de faire de même, du risque
qu'ils prendraient en agissant ainsi : c'est donc aussi un acte de
prévention. La seconde forme de violence, qui est exercée par
l'armée, consiste dans la guerre, le conflit armé, c'est-à-dire
l'éradication pure et simple de l'ennemi extérieur : elle est une
forme de légitime défense à l'échelle collective, lorsque le territoire ou même la culture de la Cité sont attaqués ou menacés.

Enfin, puisque le Bien dans sa plénitude ou infinité est un
dépassement de la finitude (que le Bien assume afin de pouvoir
le nier), il faut dire que la paix est l'assomption victorieuse d'un

tragique initial, de la lutte, de la guerre, choses donc naturelles et bonnes lorsqu'elles ne sont pas exacerbées, et ainsi normales tant dans la vie individuelle que dans la vie collective des hommes. Si donc un Empire européen — analogue au Saint-Empire romain germanique — est nécessaire, c'est précisément parce que seul un tel empire peut régler les affrontements que suscite le désir naturel de chaque culture à s'universaliser, au prix, s'il le faut, de la destruction de la culture voisine.

Les cultures objectivement supérieures (plus universelles, c'est-à-dire plus représentatives de la nature humaine) sont appelées à dominer sur les cultures inférieures. D'où la légitimité d'une saine colonisation.

Il ne s'agit pas tant de chercher à faire disparaître la guerre que de la régler, c'est-à-dire de l'ordonner à la loi morale, de la rationaliser, car la guerre — comme la passion — est naturelle. D'ailleurs, si la Rome antique n'avait fait toutes les guerres qu'elle a faites, il n'y aurait jamais eu d'Empire romain ; et s'il n'y avait eu d'Empire romain, l'Église catholique n'aurait jamais pu se développer comme elle a pu, historiquement, se développer. La Providence Elle-même se sert de la guerre. La conséquence du péché originel n'est pas la guerre en tant que telle, mais la guerre irrationnelle. La guerre en soi est naturelle et bonne ; et, comme toute chose naturelle, elle a même sa part de beauté.

« La guerre, seule, porte au maximum de tensions toutes les énergies humaines, et imprime une marque de noblesse aux peuples qui ont le courage de l'affronter » (Mussolini, *La Doctrine du fascisme*, chapitre deuxième : Idées fondamentales, 3. Contre le pacifisme : la guerre et la vie comme devoir).

La violence fasciste

Le fascisme est essentiellement violent, car la philosophie du fascisme — qui est principalement celle de saint Thomas et de Hegel — admet une violence naturelle ; dans l'authentique vision fasciste de la Vie, il est clair que la souffrance, la mort, la lutte entre raison et passions, entre esprit et matière, la domination du plus fort sur le plus faible, des cultures supérieures sur les cultures inférieures, enfin la guerre — avec les milliers de morts qu'elle entraîne et la brutalité qui lui est congénitale — sont perçues comme des choses nécessaires, c'est-à-dire qui ne peuvent pas ne pas être.

Vision bien pessimiste ! nous dira-t-on. Mais c'est faux. Car, si toutes ces choses sont nécessaires, c'est précisément — comme nous l'avons dit — qu'elles sont naturelles, et c'est donc qu'elles sont bonnes pour l'homme et pour l'harmonie de l'Univers. En revanche, les regarder comme autant de conséquences du péché originel mène logiquement au jansénisme, c'est-à-dire à un pessimisme radical sur l'état actuel de la nature, et plus généralement au surnaturalisme.

Ce n'est pas ce que nous enseignent habituellement nos clercs, nous dira-t-on ; mais « le bon sens et l'esprit de discipline ne sont décidément point la marque des cervelles ecclésiastiques... » (Mgr Baudrillart, *Carnets*, 28 août 1941) ; car aussi bien le sens commun que le Docteur commun enseignent la nécessité de ces aspects polémiques de la vie.

Aussi croyons-nous en **une violence saine et catholique**. Une violence saine, c'est-à-dire conforme aux exigences de la loi naturelle, et à la vertu. Une violence catholique, c'est-à-dire conforme aux exigences de l'ordre surnaturel : puisque la grâce ne supprime pas la nature mais la perfectionne, ce qui est conforme à la nature ne peut pas ne pas être conforme à la grâce.

Et, par-là, nous croyons même qu'il existe une violence conforme à la Charité.

IX. Considérations sur la nature du rapport entre l'homme et la femme

La domination de l'homme sur la femme est chose naturelle. Et, comme toute chose naturelle, cette domination est nécessaire, bonne, et par-dessus tout désirable.

La femme est matière et l'homme est forme.

En s'adressant à la femme après le péché originel, Dieu dit : « Ton désir te portera vers l'homme, et il te dominera » (Gn, 2, 16). Mais la domination de l'homme sur la femme n'est pas une conséquence *par soi* du péché originel (la seule conséquence *par soi* étant la malice) ; de sorte qu'une telle domination aurait existé même dans un état de pure nature non peccamineux. Aussi, la déclaration injonctive du Très-Haut s'adresse à tous les hommes et à toutes les femmes de tous les temps qui ne sont pas au Paradis terrestre. Or, à notre connaissance, personne n'est aujourd'hui au Paradis terrestre : ce dernier a été fermé ; et de toute manière, cet état n'était pas proprement *naturel* : de sorte que l'état à rechercher n'est pas l'état paradisiaque, mais celui qui correspond à notre humaine nature. Et Dieu, dans Sa bonté, nous a dit en quoi consistait cet état. Lorsqu'Il nous indique que la femme désire l'homme et que l'homme domine la femme, Il parle donc de choses naturelles, auxquelles nous avons le devoir d'adhérer, comme à l'ensemble des choses qui relèvent de la nature.

Or, le rapport qui existe entre l'homme et la femme semble analogique à celui qui existe entre la forme et la matière. En effet, comme l'explique saint Thomas dans le *De principiis naturae*, à la suite d'Aristote, la matière est puissance (*ens in potentia*) à la forme, ou appétit de la forme ; mais c'est la forme qui lui donne l'acte d'être (*id per quod fit actu*), c'est-à-dire qui lui donne d'être *réellement*, par-là d'être réellement *matière* ; et ainsi, la matière, qui est ordonnée *par* la forme, est de ce fait même ordonnée *à* la forme, subordonnée à la cause formelle et à son magistère.

L'analogie paraît donc assez claire : si la femme désire naturellement l'homme, qui pourtant la domine, et que la matière appète naturellement la forme, qui pourtant se la subordonne, on est en droit d'en conclure que la femme est analogiquement à l'homme ce que la matière est à la forme.

Domination naturelle de l'homme sur la femme

« *Quanta magis forma* **vincit** *materiam, tanto ex materia et forma magis efficitur unum* » (saint Thomas, *Somme contre les Gentils*, II, 68) : plus la forme **se rend victorieuse** de la matière, plus l'unité de la matière et de la forme est effective. Or l'unité de deux éléments est le principe de l'amour qui les fait tendre l'un vers l'autre. On doit donc affirmer que l'amour de la matière pour la forme est proportionnel au degré de domination victorieuse exercée par la forme sur la matière. Mais s'il est vrai que la femme est à l'homme ce que la matière est à la forme, alors la femme aimera d'autant plus un homme que ce dernier l'aura vaincue et soumise. Et puisque la femme est par nature faite pour aimer l'homme, il s'ensuit que la femme doit accepter de se soumettre à l'homme, dans la mesure où cela est naturel ; de *se soumettre*, c'est-à-dire de *se mettre* à la fois *sous sa protection* et *sous son autorité*. Quant à l'homme, il a en retour le devoir de gouverner sa femme et, conjointement, de l'aimer d'un amour authentique. D'où l'enseignement de saint Paul : « Vous, femmes, soyez soumises à vos maris, comme il convient dans le Seigneur ; vous, maris, aimez vos femmes, et ne vous aigrissez pas contre elles » (Col, 3, 18-19). Toute la vie conjugale est ici résumée.

Et puisqu'un être n'atteint sa finalité qu'en se conformant à sa nature, il en résulte que la femme n'atteint son bonheur de femme qu'en se soumettant à un homme. « La femme est matière, l'homme est forme ; mais la matière est puissance des contraires, elle fait s'identifier en elle les contraires, et c'est pourquoi, contradictoire, elle est sur le mode de l'être en puissance, qui est puissance à être, et c'est en étant vaincue par la forme qu'elle se réconcilie avec elle-même, de sorte que la femme se réconcilie avec soi en étant dominée par un homme ; sans son magistère, elle est en conflit avec elle-même, insupportable à elle-même, et, de ce fait, insupportable à tout le monde » (Joseph Mérel, *Désir de Dieu et Organicité politique*).

C'est d'ailleurs la raison pour laquelle la femme a par nature quelque chose de contradictoire : elle désire naturellement l'homme pour qu'il lui apporte son bien, et cependant elle lui résiste aussi naturellement : elle ne veut pas être dominée facilement, mais en quelque sorte conquise par la force. Elle veut, inconsciemment, mais bien réellement, être brusquée par celui qu'elle désire : « La femme pardonne à celui qui brusque l'occasion ; jamais à celui qui la manque » (Talleyrand).

L'observation de la nature, ou l'apanage du réaliste

Qui, au printemps, a déjà observé deux tourtereaux — mâle et femelle — comprendra certainement notre propos :

Le premier des deux à aller vers l'autre n'est (étrangement) pas le mâle, mais la femelle. Alors que le mâle se repose au soleil, tranquille et sûr de lui-même, la jeune tourterelle, hantée par le désir de s'accoupler et de donner la vie — pour se réaliser dans sa nature de femelle — s'approche du mâle, se met à lui tourner autour. Il ne faut guère longtemps à ce dernier pour sortir de sa torpeur métaphysique ; excité par la perspective de satisfaire à la fois sa volonté de puissance et sa libido — soyons réalistes jusqu'au bout —, il s'approche virilement de la femelle et tente de la saisir. Mais voilà : la chose n'est pas si facile ! Les hommes le savent bien. Tout serait simple si le processus de séduction s'arrêtait là ; mais, en réalité, il ne fait que commencer.

La jeune femelle, quelque peu effrayée par cette brusquerie toute masculine, et en même temps animée du désir d'être conquise, c'est-à-dire d'être possédée au prix d'un effort long et intense, s'enfuit, se met à courir, échappant ainsi momentanément au mâle, afin de l'éprouver. La femelle veut se faire désirer du mâle comme elle le désire elle-même ; mais, pour cela, elle doit paradoxalement le fuir, car une chose n'est réellement désirée que lorsqu'elle est absente : là est toute la contradiction de la féminité. Cependant, le mâle est par nature fort ; cette contradiction ne le décourage pas ; au contraire, elle l'excite encore davantage, car il sait au fond de lui-même qu'un bien est délectable à proportion de la difficulté avec laquelle on l'a obtenu, que la jubilation la plus intense réside dans l'exercice même de la force, dans le combat, dans la lutte. Aussi part-il à la poursuite de la femelle. S'ensuit alors un jeu de séduction qui peut durer pendant des heures : la jeune tourterelle court, de temps en temps ralentit — jetant au passage, derrière elle, un regard malicieux en direction du mâle — puis, lorsque le mâle s'est trop rapproché, s'échappe de nouveau et se remet à courir ; le tourtereau, quant à lui, enivré par cette course intense, mais surtout excité à la seule idée de posséder ce qui — pour le moment — lui échappe, poursuit la tourterelle avec une véhémence qu'il n'a certainement jamais connue jusqu'alors. Parfois, la force fait place à la ruse : il fait mine d'être fatigué, attend que la femelle ralentisse ; puis, lorsque celle-ci a effectivement ralenti, au point d'être quasiment à l'arrêt, le jeune mâle repart brusquement à l'assaut ; mais la jeune tourterelle, qui préfère être conquise par le moyen de la force virile, plutôt que par celui de la ruse féminisante, repart, elle aussi, de plus belle.

Jusqu'à ce que, à la fois essoufflée par cette course, épuisée par la chaleur du jour et rattrapée par son désir du mâle, elle consente — le soir venu — à s'abandonner à celui qui, par sa ténacité, aura fini par la vaincre. Le mâle s'empare alors physiquement de la jeune tourterelle, comme pour lui prouver la domination qu'il exerce désormais sur elle. Puis les deux tourtereaux s'accouplent ; et puisque c'est le mâle qui domine la femelle, et la femelle qui est dominée par le mâle, la part active revient naturellement à celui-ci, et le rôle passif à celle-là (quoique de manière tout à fait consentante et consentie). La soumission (ou fait de se soumettre, de se mettre sous) de la femelle au mâle se révèle jusque dans la position de celle-ci par rapport à celui-là lors de l'accouplement. Et, grâce à cet accouplement, l'espèce se perpétue. L'accouplement lui-même est ordonné à un Bien commun, à savoir le Bien commun de l'espèce.

Ainsi Dieu en a-t-il décidé.

Ainsi va la Vie.

POSTAMBULE

De la nécessité de tendre vers un idéal

Il n'est pas de bon ton, chez les « réalistes », d'appeler à la poursuite d'un idéal. Ces derniers le considèrent au mieux comme un rejeton de l'Idée platonicienne ; au pire, comme un sous-produit de l'idéalisme hégélien.

Pourtant, il faut bien dire qu'un homme privé d'idéal ne tend vers rien. Et qu'un homme qui ne tend vers rien ne fait rien ; devient une lavette ; peut-être même pire, car on ne demande pas à une lavette de tendre vers un idéal quelconque.

Aussi bien l'agir individuel que l'agir collectif, l'action morale que l'action politique nécessitent d'avoir un idéal en vue. Et si cela peut éventuellement s'expliquer par des raisons psychologiques, cela se justifie avant tout par des raisons métaphysiques.

★

D'un point de vue métaphysique, toute réalité a en effet pour fin de se conformer à l'idéal qui correspond à sa nature. Et en voici la preuve : dans l'art, l'œuvre n'est achevée que lorsqu'elle a rejoint l'idée de l'artiste ; la table n'est achevée que lorsqu'elle a rejoint l'idée que le charpentier en avait ; la statue de Socrate n'est parfaite que lorsqu'elle est conforme à l'idée du sculpteur. Or, l'art imite la nature.

De sorte qu'il en est de même pour les réalités naturelles : elles ne sont parfaites que dans la mesure où elles sont achevées, où elles sont *en acte premier*, où elles correspondent à leur Idée, c'est-à-dire à leur nature en tant que cette dernière est pensée par l'intelligence de leur Auteur divin ; car, ainsi que l'explique saint Augustin dans *La Cité de Dieu*, toutes les essences subsistent dans l'intelligence divine sous le mode de *rationes aeternae* (raisons éternelles), d'Idées ou Formes intelligibles qui servent de paradigmes aux choses créées. Et l'idéal d'une chose, c'est précisément l'Idée de la nature de cette chose, en tant que cette même chose est appelée à s'y conformer ; un idéal qui fait retourner la créature à son Créateur — principe et donc fin de tout être. Aussi la perle parfaite est-elle celle qui correspond à l'Idée de perle ; le volcan parfait, celui qui correspond à l'Idée de volcan.

Quant aux réalités vivantes, dont la différence spécifique est de se mouvoir, elles ne sont parfaites que lorsqu'elles n'ont de cesse de réaliser ce pour quoi elles sont faites, que lorsqu'elles sont en *acte second* : le pommier, lorsqu'il donne des pommes ; l'abeille, lorsqu'elle produit du miel ; l'homme, lorsqu'il agit en homme.

Mais si le pommier et l'abeille le font naturellement, l'homme, lui, doit le faire volontairement et librement ; car il est doté d'une volonté libre, qui est le principe de ses actes proprement humains, c'est-à-dire de ses actes moraux ; une volonté libre qui doit le faire tendre vers son idéal propre d'homme.

★

De ce que nous venons de dire, il suit que l'agir moral, qui concerne l'homme pris dans son individualité, doit tendre vers un idéal moral pour être effectif. Dans l'ordre naturel, l'idéal moral est celui de l'homme qui agit selon la raison, puisque celle-ci est la différence spécifique de l'homme ; « la fin des êtres raisonnables, c'est d'obéir à la raison » (Marc Aurèle, *Pensées pour moi-même*). Or l'agir selon la raison est appelé agir vertueux. Ainsi, cet idéal est celui de l'homme qui pratique la vertu en général, et en particulier la vertu de force (*virtus* en latin) ; car la force est le moteur de la vie morale ; elle est en effet la vertu

par excellence du *thumos* (association de la volonté et de l'irascible) qui est le principe de la vie morale ; « La force, considérée
comme une certaine fermeté de l'âme, est la vertu en général,
ou plutôt la condition générale de toute vertu » (saint Thomas,
Somme théologique, II-II, 123, 2).

Et il nous semble que le meilleur résumé qui soit de cet idéal
moral nous est donné par le célèbre poème de Rudyard Kipling,
« Tu seras un homme mon fils » :

Si tu peux voir détruit l'ouvrage de ta vie
Et sans dire un seul mot te mettre à rebâtir,
Ou perdre en un seul coup le gain de cent parties
Sans un geste et sans un soupir ;

Si tu peux être amant sans être fou d'amour,
Si tu peux être fort sans cesser d'être tendre,
Et, te sentant haï, sans haïr à ton tour,
Pourtant lutter et te défendre ;

Si tu peux supporter d'entendre tes paroles
Travesties par des gueux pour exciter des sots,
Et d'entendre mentir sur toi leurs bouches folles
Sans mentir toi-même d'un mot ;

Si tu peux rester digne en étant populaire,
Si tu peux rester peuple en conseillant les rois,
Et si tu peux aimer tous tes amis en frère,
Sans qu'aucun d'eux soit tout pour toi ;

Si tu sais méditer, observer et connaître,
Sans jamais devenir sceptique ou destructeur,
Rêver, mais sans laisser ton rêve être ton maître,
Penser sans n'être qu'un penseur ;

.../...

Si tu peux être dur sans jamais être en rage,
Si tu peux être brave et jamais imprudent,
Si tu sais être bon, si tu sais être sage,
Sans être moral ni pédant ;

Si tu peux rencontrer Triomphe après Défaite
Et recevoir ces deux menteurs d'un même front,
Si tu peux conserver ton courage et ta tête
Quand tous les autres les perdront,

Alors les Rois, les Dieux, la Chance et la Victoire
Seront à tout jamais tes esclaves soumis,
Et, ce qui vaut mieux que les Rois et la Gloire
Tu seras un Homme, mon fils.

L'homme accompli, c'est donc l'homme courageux dans l'épreuve, cette dernière constituant l'essence même de la vie terrestre. Mais c'est aussi l'homme d'honneur — l'honneur étant la rectitude morale, la qualité intrinsèque du juste (« l'honneur se trouve radicalement dans le choix intérieur, bien qu'il soit signifié dans la conduite extérieure », saint Thomas, *Somme théologique*, II-II, 145, 1), la qualité de celui qui pratique les vertus de piété religieuse et de piété filiale (la fameuse *pietas* de Cicéron), qui honore son Créateur, ses pères et la terre de ses pères, qui leur est fidèle et obéissant jusqu'à la mort, parce qu'il leur doit l'existence, tout ce qu'il a et tout ce qu'il est.

Aussi la force et l'honneur sont-ils les deux qualités principales de l'homme vertueux, ou les deux notes essentielles de l'idéal moral. Et il ne s'agit pas tant d'atteindre effectivement cet idéal de perfection — qui correspond à l'Idée d'homme — que d'y tendre, que de le poursuivre sans cesse : la vie en général, et la vie humaine en particulier, n'est pas un repos mais un mouvement perpétuel ; elle est une tension continue, un combat, une lutte acharnée.

Il existe aussi un idéal bien particulier, à savoir l'idéal du Héros, qui est celui des militaires. On ne se bat pas sans idéal, *a fortiori* lorsque le combat en question engage notre vie elle-même.

Enfin, dans l'ordre surnaturel, l'idéal moral est celui du Saint ; il consiste à ressembler toujours davantage au Christ — paradigme de la sainteté.

Mais l'homme n'agit pas seul : il agit avec ses semblables ; car, du fait qu'il est animal rationnel, il est aussi animal social et politique (Aristote, *Politiques*, I, 2). Le moral appelle, de soi, le politique.

★

L'agir politique, qui concerne les hommes en tant qu'ils sont réunis en communauté, doit, lui aussi, tendre vers un idéal pour être effectif : et c'est pourquoi nous pensons, à la suite de Léon Degrelle, que « seuls les idéalistes changeront le monde » (*Les Âmes qui brûlent*).

Cet idéal collectif, c'est précisément le Bien commun, qui est un idéal dans la mesure où il est d'une part quelque chose de divin (saint Thomas, *Somme théologique*, II-II, 99, 1), et d'autre part un Bien que les hommes n'atteignent, en ce monde, qu'en n'ayant de cesse de le poursuivre. C'est un idéal de justice, d'ordre, et, ultimement, d'amitié. L'amitié politique — qui est la seule amitié parfaite, parce que la seule, en ce monde, à actualiser la totalité des puissances de la nature humaine — est ce vers quoi nous tendons comme vers notre fin naturelle immanente. Quand on y réfléchit un peu, c'est vers elle que tous nos actes tendent objectivement dans l'ordre naturel qui est le nôtre ; notre bonheur d'animal social et politique ne peut consister que dans l'amitié, au sens plénier du terme. C'est en raison de l'amitié que l'homme se dépasse, se transcende. C'est en raison de l'amitié qu'il est même prêt à faire le sacrifice de sa vie, à mourir.

Comme l'enseigne Notre Seigneur, « il n'y a pas de plus grand amour que de donner sa vie pour ceux qu'on aime » (Jn,

15, 13) ; Il nous a Lui-même montré l'exemple, en mourant sur la croix par amour pour les âmes. Et l'amour de l'époux pour son épouse est une belle image de cet amour du Christ pour l'Église : l'homme, en s'unissant à une femme, crucifie son égoïsme, sacrifie son existence, tout ce qu'il a et tout ce qu'il est.

Mais le soldat qui se sacrifie pour sa patrie est, d'un point de vue naturel, ce qu'il y a de plus noble, c'est-à-dire ce qu'il y a à la fois de plus grand et de plus beau. La guerre est une chose affreuse, nous dira-t-on. Pourtant, il faut bien dire qu'elle a quelque chose de fascinant : des milliers d'hommes, parfois des millions, qui abandonnent tout — leur femme, leurs enfants, leur domaine, leur patrie même — pour aller se battre sur un front inconnu, dans des conditions bien souvent insupportables, jusqu'à la mort. Pour quoi ? Précisément pour un idéal collectif, pour l'Idée de la communauté politique à laquelle ils appartiennent ; pour leur culture, c'est-à-dire l'ensemble des valeurs qui sont attachées à cette Idée ; par amour pour leur patrie, et pour les pères qui l'ont faite ; par amour pour leur nation, et pour leurs frères de sang ; par amour pour leurs enfants aussi, pour leur offrir un monde meilleur ; en somme, pour ceux qu'ils aiment d'un amour authentique de bienveillance : pour leurs *amis*.

Alors, oui, au risque de choquer, nous dirons que la guerre est naturelle, qu'elle est bonne, qu'elle a même sa part de beauté. Et c'est l'un des mérites du fascisme que de l'avoir compris, et rappelé à nos contemporains épris de pacifisme.

★

Voici l'extrait d'un discours prononcé par Léon Degrelle en 1975, trente ans après la victoire des « Alliés » :

« Quand nous voyons ce qu'il y a en face, ce que trente ans de victoire des *autres* ont donné : cette anarchie dans le monde, cette débandade du monde blanc, cette désertion à travers l'univers ; quand nous voyons dans nos propres pays la décomposition des mœurs, la chute de la patrie, la chute de la famille, la chute de l'ordre social ; quand nous voyons cet appétit des biens matériels, qui a succédé à la grande flamme de l'idéal qui nous animait ; et bien, vraiment, entre les deux, nous avions choisi le bon côté. »

Il ne s'agit pas, ici, de discuter du choix de Degrelle — qui, d'après nous, fut indéniablement le bon. Ce que nous voudrions faire remarquer, c'est que la décadence actuelle, la déchéance de notre époque, a précisément pour cause l'absence d'idéal de nos contemporains, y compris dans nos « milieux » traditionalistes et réactionnaires.

Une déchéance de laquelle nous ne sortirons « que par un immense redressement moral, en réapprenant aux hommes à aimer, à se sacrifier, à vivre, à lutter et à mourir pour un idéal supérieur. **En un siècle où l'on ne vit que pour soi, il faudra que des centaines, des milliers d'hommes ne vivent plus pour eux, mais pour un idéal collectif, consentant pour lui, à l'avance, tous les sacrifices, toutes les humiliations, tous les héroïsmes. L'heure vient où, pour sauver le monde, il faudra la poignée de héros et de saints qui feront la Reconquête »** (*Les Âmes qui brûlent*).

Que Dieu entende cet appel du cœur :
« **Seigneur, faites revivre en nos âmes vaincues l'étincelle de la Résurrection !** » (*ibid.*).

FIN

BIBLIOGRAPHIE

STEPINAC :

• *Du problème du rapport entre nature et grâce dans le thomisme et le néo-thomisme, et de ses enjeux politiques contemporains*, Samizdat, 2011.

Joseph MÉREL :

• *Fascisme et Monarchie. Essai de conciliation du point de vue catholique* (préface de Claude ROUSSEAU), Éditions Vincent Reynouard, 2001 / Reconquista Press, 2018.
• *Présentation de l'Institut Charlemagne sous le patronage de l'archange Saint Michel*, Éditions Dominique Martin Morin, 2016.
• *Pour une contre-révolution révolutionnaire*, Reconquista Press, 2017.
• *Désir de Dieu et organicité politique*, Reconquista Press, 2019.

TABLE DES MATIÈRES

Septembre 2019
Reconquista Press
www.reconquistapress.com